UN LIVRE DE FAMILLE

GÉNÉALOGIE

DE LA

FAMILLE DE POMEY

SA DESCENDANCE PAR LES FEMMES

SES FIEFS ET SEIGNEURIES

Les ascendants

des enfants d'Hippolyte de Pomey de Rochefort

et de Pauline Ravel de Malval

Leur descendance

Par Paul de VARAX

UN LIVRE DE FAMILLE

GÉNÉALOGIE

DE LA

FAMILLE DE POMEY

UN LIVRE DE FAMILLE

GÉNÉALOGIE

DE LA

FAMILLE DE POMEY

SA DESCENDANCE PAR LES FEMMES

SES FIEFS ET SEIGNEURIES

Les ascendants

des enfants d'Hippolyte de Pomey de Rochefort

et de Pauline Ravel de Malval

Leur descendance

Par Paul de *VARAX*

LYON

Imprimerie WALTENER & Cie, rue Stella, 3

MDCCCXCIX

B. del.
de Pomey en Beaujolais et Lyonnais
« d'argent, au pommier arraché de sinople, fruité d'or, tortillé d'une guivre de gueules,
soutenu d'un croissant d'azur et accosté de deux étoiles de gueules. »

Tiré à petit nombre pour la famille

N° 

AVERTISSEMENT

AIDÉ *des communications obligeantes de* MM. Amédée D'AVAIZE, William POIDEBARD, Marcel DUCRUET, Louis ROBERT, Edme de JUIGNÉ DE LASSIGNY *et de beaucoup d'autres personnes alliées à la famille* DE POMEY *ou qui lui sont étrangères, je me décide à mettre au jour un nouveau livre de famille. Le lecteur m'excusera si certaines parties de mon travail sont incomplètes, le tableau des ancêtres entre autres : malgré d'actives recherches, il m'a été impossible de combler certaines lacunes. Par contre, j'ai donné plus de développement, que dans le* LIVRE DES RIVÉRIEULX, *à la généalogie de la famille qui est l'objet capital de cet opuscule et à la notice sur son principal fief.*

P. V.

De Pomey
Seigneurs de Rochefort, les Sauvages
Montchervet et Croizel en Beaujolais
La Forest et Combefort en Lyonnais
Rancé en Franc-Lyonnais
et autres lieux

CHAPITRE PREMIER

Il y a plus de deux cents ans, un certain Jean de Pomey, avocat en parlement à Lyon, avait formé le projet d'un gigantesque ouvrage sur sa famille et sur celle de sa mère, Catherine Scandalaire. Il dédiait ce travail, pour la partie concernant sa propre famille, à son parent Hugues de Pomey, prévôt des marchands de Lyon, et pour celle regardant les Scandalaire, à sa mère. Dans le livre qu'il projetait, il aurait embrassé les généalogies de ses familles paternelle et maternelle et de celles qui leur étaient alliées. Il aurait parlé de leurs seigneuries, de leurs charges, dignités, qualités, de l'état de leurs maisons, etc., etc. Cet ouvrage aurait été orné de blasons, de vues, de portraits, de devises, d'emblêmes, etc. Le manuscrit qui témoigne de cette louable intention a été conservé au château de Rochefort, mais l'auteur n'a pas mis son beau projet à exécution. Je viens marcher sur ses brisées, profitant de ses notes pour établir les premiers degrés de cette généalogie, les documents authentiques ne commençant à abonder qu'à partir du milieu du XVIe siècle. D'où est originaire la famille de Pomey? Il est à croire qu'elle habitait Chessy, avant de venir à Amplepuis; Jean de Pomey assure que dans les vieux terriers elle occupe presque tout le pays avoisinant ce premier bourg, et il cite des noms; une alliance avec la famille des Chézaux l'amena, sans doute, au commencement du XVe siècle, à Amplepuis, où elle exerça des charges de judicature et forma de nombreuses branches, toutes éteintes à la fin du XVIIe siècle, excepté une qui a possédé le château de Rochefort jusqu'en 1887, et dont le dernier descendant mâle est mort en Charollais, en 1890. Au XVIIe siècle elle a donné deux échevins et un prévôt des marchands à la ville de Lyon, un trésorier de France, des magistrats au Présidial de Lyon et au Parlement de Dombes; au commencement du XVIIIe siècle, un secrétaire au même Parlement. Elle a possédé le château de Rochefort, paroisse d'Amplepuis, de 1606 à 1887, et d'autres seigneuries et fiefs en Beaujolais, Lyonnais et Franc-Lyonnais.

I. Jean de POMEY, aliàs Martin des Chézaux, possessionné à Amplepuis, au lieu des Chézaux et vivant en 1440, fut père de:

1° Antoine, qui suit;

2° Barthélemy, vivant en 1466, marié à Antoinette, fille de Pierre Muneri, de Saint-Clément-sous-Valsonne; on ne sait s'il eut des enfants;

3° Jeanne, vivant en 1440, mariée à Barthélemy des Chézaux;

4° Antoinette, vivant en 1486, mariée à Jean Alix, aliàs Rougnard, fils de Barthélemy Alix, de Saint-Laurent-d'Oingt.

II. Antoine de POMEY, qui habitait Chessy et sans doute aussi les Chézaux, fut témoin, étant à Chessy, le 30 août 1452, d'une vente de cens et servis du Breuil faite par Antoine de Faverges, damoiseau, à Antoinette Puy, veuve de Pierre Baronnat, de Chessy; il eut de Benoite, dont le nom de famille est ignoré:

1° Jean, qui suit;

2° Jacqueline, mariée à Jean, fils de Pierre Espinasse;

3° Guillaume;

4° Etienne, notaire, habitant d'Amplepuis; il possédait une maison dans ce bourg, le domaine de Reverdy dans cette paroisse, des maisons, vignes, etc., au territoire de Silli, paroisse de Ville-sur-Jarnioust. Il testa en avril 1539, et fonda, dans l'église d'Amplepuis, trois messes à célébrer au grand autel, à basse voix, perpétuellement, tous les lundis, jeudis et samedis; il fut père de :

a. Briand, prêtre, qui donna, le 22 mars 1540 (nouveau style), le dénombrement des biens à lui délaissés par son père, consistant en une maison en la ville d'Amplepuis et plusieurs maisons et héritages en divers lieux;

5° Marie.

III. Jean de POMEY, vivant en 1472 et 1507, demeurant aux Chézaux, épousa Marguerite, dont le nom de famille n'est pas connu, dont :

1° Jean, qui suit;

2° Collette;

3° Perronnette;

4° Pierre;

5° Petit Jean;

6° Guillaume;

7° Jacqueline.

IV. Jean de POMEY, vivant en 1507 et 1525, demeurant aux Chézaux, épousa Simonde, dont le nom de famille est ignoré; il en eut :

1° Antoine, qui suit;

2° Pierre ;

3° Collette ;

4° Jacqueline ;

5° Jean, né à Amplepuis, le 3 avril 1500, dans la maison des Chézaux, et baptisé dans l'église de cette paroisse ; il était très violent, au dire de Jean de Pomey, l'avocat, auteur du manuscrit précité ; dans un premier mouvement de colère, il battit un de ses parents et fut blâmé de tout le monde ; il mourut après une longue maladie. Sa femme, dont les nom et prénom ne sont pas mentionnés, naquit en 1509, à Amplepuis, dans la maison de son père appelée Gransignoux ; elle était très charitable, très vertueuse et donna une excellente éducation à ses enfants ; elle fut enterrée à Amplepuis, dans l'église de cette paroisse, auprès de son mari, qui y avait été inhumé avec un grand concours d'habitants, elle en eut :

a. Pierre, héritier universel de son père ;

b. Barthélemy ;

c. Marie ;

d. Claudine ;

e. Jacqueline ;

6° Mathieu, qui vivait en 1525 et épousa Marguerite, dont le nom de famille n'est pas connu ; on ne sait pas s'il eut postérité ;

7° Guillaume.

V. ANTOINE DE POMEY épousa d'abord MAGDELEINE DE PIERREFEU, vivant en 1525, fille de Jean de Pierrefeu, de la paroisse de Tarare, puis MARIE DE VIOLEYS, vivant en 1536, fille de Jean de Violeys, aliàs de la Pierre, d'Amplepuis ; il eut de la première :

1° Philibert, qui suit ;

2° Briand, qui forme la première branche des seigneurs de Rochefort ;

3° Claude;

4° Jean, auteur de la deuxième branche des seigneurs de Rochefort;

5° Pierre, duquel sortit la branche du Mont, à Amplepuis.

VI. PHILIBERT DE POMEY, vivant en 1556, eut de JEANNE RAFFIN, fille de Pierre Raffin, de Chappées, paroisse d'Amplepuis :

1° Marie, femme, en 1586, de Philibert de Montcizerand;

2° Claudine, femme, en 1585 et 1589, de Georges, fils de Barthélemy Chizallet;

3° Antoine, qui suit;

4° Antoinette, vivant en 1588, femme de Jean Montaigne;

5° Jacqueline, vivant en 1587, femme de Philibert d'Huissel;

6° André, vivant en 1581.

VII. ANTOINE DE POMEY, possessionné aux Chézaux et possédant les maisons Namy au bourg d'Amplepuis, notaire royal et praticien de ce lieu, lieutenant civil et criminel en la châtellenie de Thizy, greffier des Sauvages et de Fourneaux, était petit et rousseau, ressemblait à M. le trésorier Benoît de Pomey; il épousa demoiselle JEANNE DE PIERREFEU, petite et très jolie femme, fille de Benoîte de Pierrefeu et de dame Ancelys du Mollard, dont il eut :

1° Jeanne, vivant en 1589 et 1605;

2° Yoland, baptisée à Amplepuis le 28 septembre 1589, filleule de M. de la Gardette, de dame Jeanne de Meyzé, de demoiselles Sibille et Yoland, ses filles; elle épousa Jean Gascon, vivant en 1609;

3° Pierre, qui suit :

4° Ysabeau, baptisée à Amplepuis le 8 septembre 1594, filleule de noble Pierre de Rébé, seigneur de Meyzé, et d'Ysabeau, femme de noble Zaquarie de Rébé, sieur et baron d'Amplepuis ;

5° Jean, baptisé à Amplepuis le 26 décembre 1596, filleul de Jean de Pierrefeu, son oncle, et de Marie de Pomey ; il était né le jour de sainte Catherine ;

6° Jean, baptisé à Amplepuis le 13 janvier 1599, filleul de Briand de Pomey, greffier d'Amplepuis, et de Jeanne Merlier, femme de Jean Nicolas ; l'un de ces deux Jean habita Lyon et l'Arbresle ; c'était un gros homme, de moyenne taille, ayant gros yeux, visage plein, de belle couleur rougeâtre ; il épousa Françoise de La Mure, veuve d'Antoine du Puy, laquelle testa le 15 janvier 1661 et vivait encore, étant veuve, le 4 juillet 1662 ;

7° Marie, baptisée à Amplepuis le 18 mai 1600, filleule de messire Claude Crozier, prêtre, recteur des écoles d'Amplepuis, et de Marie de Pomey, femme de M. le châtelain d'Amplepuis ;

8° Sibille, baptisée à Amplepuis le 26 mai 1601, filleule de Pierre La Pierre et de Sibille de Pierrefeu ;

9° Zacarie, baptisé à Amplepuis le 1er décembre 1602, filleul de messire Zacarie de Rébé-Saint-Trivier, baron d'Amplepuis, et de Philiberte de Pomey, femme de Claude Trican, greffier en la prévôté de l'ancien gouvernement de Lyonnais ;

10° Claude, baptisé à Amplepuis le 29 mars 1604, filleul dudit Claude Trican, greffier en la prévôté de Lyonnais et praticien d'Amplepuis, et de dame Claudine Tallebard, femme de Pierre Guillard ; il possédait le domaine de la Brosse, à Amplepuis, fut cavalier dans la compagnie d'ordonnance de M. le gouverneur, en 1622, déchargeur de canons en l'armée de Sa Majesté au pays de Languedoc, sous la charge et conduite du sieur Payon, gouverneur de l'arsenal de Lyon ; il mourut à Amplepuis des blessures qu'il avait reçues à la guerre et fut enterré au tombeau de ses ancêtres, en la chapelle de Saint-Pierre et Saint-

Antoine. D'après Jean de Pomey, l'avocat, il combattit aux Sauvages contre le sieur Philis qui commandait une troupe de gens levés par ordre de M. d'Halincourt, pour ravager dans les terres de M. le trésorier de Pomey ;

11° André, baptisé à Amplepuis le 17 juillet 1605, filleul d'André de Pomey et de Claudine Tallebard ;

12° François, baptisé à Amplepuis le 1er novembre 1606, filleul de messire François de Rébé, abbé de Belleville, et de Mme de Rébé ;

13° Benoît, baptisé à Amplepuis le 2 février 1609, filleul de noble Benoît de Pomey, trésorier général, et d'Izabeau du Réaud ; il fut avocat en Parlement, notaire royal d'Amplepuis, juge de Bel-Air et greffier des Sauvages ; il devait posséder le domaine de la Grange-Neuve, à Amplepuis.

14° Thomas, baptisé à Amplepuis le 2 mai 1610, filleul de Thomas de Pierrefeu, son oncle, lieutenant et châtelain d'Amplepuis, et de dame Antoinette de Pierrefeu, sa tante ;

15° Charles, baptisé à Amplepuis le 26 août 1612, filleul de Charles de Pomey et de Sibille de Pierrefeu, femme du capitaine Lafonteyne, de Cublize ; il n'était pas grand ;

16° Jeanne, baptisée à Amplepuis le 29 décembre 1613, filleule de Jean Gascon, son beau-frère, et de dame Philiberte de Pomey, femme de Pierre Guillard, le jeune ;

17° Briand, baptisé à Amplepuis le 24 mars 1617, filleul de M. de Pomey, seigneur de la Goutte et Combefort, et de dame Philiberte de Pomey, femme de Pierre Guillard le jeune, greffier d'Amplepuis ; il habitait Lyon, possédait le domaine Moreau, à Sainte-Colombe, et des biens au lieu de Bussy, vers 1682 ; il testa, le 21 juillet 1647, étant sur le point de partir en voyage ; il élut sa sépulture, s'il décédait à Lyon, dans l'église de Saint-Pierre-les-Nonains, sa paroisse.

VIII. Pierre de POMEY, baptisé à Amplepuis le 1er mars 1592, filleul de noble Pierre de Sarron, seigneur des Forges, de Briand de Pomey et de noble dame Jeanne de Meyzé, veuve de messire Claude de Rébé, baron d'Amplepuis, était docteur ès droits, avocat en Parlement et ès Cours de Lyon, juge de Chassagny et des terres de MM. de Saint-Jean. Son fils Jean, l'avocat, dit qu'à l'âge de 54 ans, il avait le visage maigre, les yeux fort gros, les joues enfoncées, un gros nez, dont le bout était rond, le nez large, plus court que long, le front avancé au-devant, la bouche grande, les cheveux noirs et frisés, anhélés et frisés jusqu'au collet; chauve sur le milieu de la tête, le corps délié de même que les jambes, les joues abattues, les sourcils noirs, les lèvres égales, petite barbe, plus noire que châtaine, le visage de couleur plombée, point de rouge, ni blanc, ni noir, entre deux, le col ni trop long, ni trop court, les mains maigres, les yeux gris, de petits doigts, de grands pieds; les sourcils pas gros, en arc-en-ciel, ne se touchaient pas; ne portait point de calotte, un rabat uni empesé, moire noire ou drap noir; il était opiniâtre en ses sentiments, prompt, mélancolique, riait pourtant, chantait assez bien, une grosse voix, ne dansait pas, était bon ami et bon mari; allait souvent en audience en robe. Il possédait à Amplepuis le domaine des Chézaux, autrement appelé Merle ou Chez Joannin; il acheta dans la même paroisse celui d'Autrichet et partie du domaine Mulleton, tous deux au quartier de Royre. Il fut inhumé à Sainte-Croix de Lyon, le 16 février 1652. Il avait épousé, à Saint-Pierre-le-Vieux de Lyon, le 2 février 1644, demoiselle Catherine SCANDALAIRE, née le 26 octobre 1613, fille de noble Barthélemy Scandalaire et de dame Marguerite Faure, laquelle testa les 20 septembre 1658 et 5 juillet 1664, et possédait un vignoble à Vernaison. Il en eut:

1° Marguerite, baptisée à Saint-Pierre-le-Vieux, le 22 décembre 1644, mariée en l'église d'Amplepuis, le 2 janvier 1682, à Pierre de l'Espinasse, notaire royal, procureur d'office d'Amplepuis, greffier de la justice de Rochefort; elle fut inhumée dans l'église paroissiale d'Amplepuis, munie de tous ses sacrements, le 20 juillet 1694; son mari se remaria, le 23 novembre de la même année, à demoiselle Louise Marchand et mourut le 13 juin 1700; il possédait une maison à Amplepuis, les domaines de Barberel, de Rossillon et Chalon, le pré Folletin, tous à Amplepuis, et un vignoble à Layet, paroisse de Saint-Laurent-d'Oingt, en Lyonnais;

2° Jean, baptisé à Saint-Pierre-le-Vieux, le 19 mars 1647, filleul de Jean de Pomey, demeurant à Lyon, son oncle; il habitait cette ville en 1688 et était docteur en droit, avocat en Parlement et ès Cours de Lyon; il avait une bibliothèque considérable; c'est lui qui est l'auteur du manuscrit mentionné ci-dessus. Il possédait à Amplepuis une maison au bourg, les domaines Joannin, de la Grange Neuve, d'Autrichet et Cathelan et quelques fonds à Bussy, paroisse de Theizé, qui échurent, après sa mort, à sa sœur ci-dessus nommée. Sa branche possédait dans l'église d'Amplepuis une chapelle dédiée à saint Pierre et saint Antoine, où elle avait un banc et sa sépulture.

Première branche des seigneurs de Rochefort

VI. BRIAND DE POMEY, seigneur de la Goutte et de Combefort, fut notaire royal et greffier d'Amplepuis, où il possédait les domaines de la Croze et de Reverdy et le moulin Bernerd. Le 19 juin 1590, M. de Sarron écrit des Forges à M. de Nérestang qu'il a mené avec lui à Montagny maître Pomey (Briand de Pomey), greffier d'Amplepuis qui a demeuré chez lui depuis le commencement de ces derniers troubles et qui craint que, pendant l'absence de M. de Sarron, il n'arrive quelque affaire en leur quartier, comme on en a fait courir le bruit, il le prie de ne pas permettre qu'il soit fait aucun ravage en la maison dudit de Pomey, ni en ses grangiers, parce qu'il est fort de ses amis. Le 17 décembre 1601, Briand de Pomey fonda et dota en l'église d'Amplepuis une pension de trois livres au profit des curés et sociétaires dudit lieu, à la charge de dire, chaque dimanche, après la grand'messe paroissiale, devant l'autel de Notre-Dame, l'oraison de la glorieuse Vierge Marie : *Stabat Mater,* pour le salut de l'âme de sa femme Françoise Gaultier, décédée le 3 novembre 1601, et pour celui de la sienne; plus une pension de 20 sols pour l'édification de sa chapelle et tombeau de sa femme en l'église dudit Amplepuis. Le 4 décembre 1602, il fonda une messe à dire dans sa dite chapelle, où est l'image de saint Roch, chaque samedi, par messire Claude Crozier, prêtre et recteur des écoles d'Amplepuis ; il fonda encore une pension pour une messe à dire en sadite chapelle le jour de la fête de M. Saint Roch. Par son testament du 20 novembre 1613, il veut être enterré en l'église d'Amplepuis, en ladite chapelle M. Saint Roch par lui érigée au tombeau de sa femme; il ordonne de distribuer, le samedi après son décès, 20 bichets de seigle et 4 de froment au curé d'Amplepuis, et à chacun des curés ou vicaires de Cublize, Saint-Jean-la-Bussière, Ronno, Saint-Just-d'Avray et les Sauvages, 2 bichets de seigle et 2 de froment, pour être donnés à 40 personnes des plus pauvres d'Amplepuis et 20 de chacune des autres paroisses. Il mourut au château de la Goutte, le 25 décembre 1617, à 4 heures du soir. Il avait épousé, par contrat du 3 février 1559 et bénédiction nuptiale donnée au grand autel de l'église d'Amplepuis FRANÇOISE GAULTIER, fille de Claude Gaultier, dit Giraud, habitant d'Amplepuis, et de Guillemette..... ; il en eut :

1° Jean, qui suit :

2° Benoît, seigneur de Rochefort, Montchervet, les Sauvages et la Forest, secrétaire de la Chambre du Roi, trésorier de France en la généralité de Lyon, le 10 décembre 1607, à la place de noble Antoine Camus, seigneur d'Arginy, doyen des trésoriers de France en la généralité de Lyon, capitaine-penon du quartier de Bourgchanin de cette ville, le 29 janvier 1626, à la place du sieur Farrat, échevin de Lyon en 1627 et 1628 et recteur du grand Hôtel-Dieu. « Il était homme d'esprit, dont le cardinal de Richelieu faisait état, en sorte qu'ayant une fois manqué en l'haranguant, M. le cardinal lui dit : Ne vous estonnez point, M. de Pomey, je sçay que vous ne manqués pas par faute d'esprit, mais par le respect que vous avez. Et, en effet, le lendemain ledit sieur cardinal envoya visiter ledit sieur trésorier de Pomey. » Le 9 juillet 1609, Benoît de Pomey et sa femme, se trouvant à Lyon, en leur hôtel, paroisse Saint-Paul, se firent donation mutuelle de tous leurs biens en faveur du survivant, en présence de noble Gaspard Jaquet, écuyer, tenant la poste pour le Roi à Lyon, François Galliat, commis en ladite poste, et Antoine de Rives, contrôleur pour le Roi en la douane de Lyon. Benoît de Pomey recueillit dans la succession de son père le domaine du Crot ou de Bel-Air, sur Saint-Symphorien et Fourneaux, et celui de la Croze, à Amplepuis. En 1622, il possédait une maison, place de Bellecour. Sur un livre de recette des cens, servis et rente de la seigneurie de Rochefort et les Sauvages, de 1625, on lit la note suivante écrite de sa main : « Nota, que si bien j'ay mis payé sur la présente recepte la cocte de ladite Marie de Vaux, je n'en ay néanmoins receu aulcune chose et luy en ay faict don gratuitement, comme je fais encores de tous les cens et servis qu'elle pourra debvoir à moy ou aux miens, sa vye durant, et ce, en considération des bons et agréables services qu'elle a rendus à feu mon père et à moy, en qualité de domestique de nos maisons. » Lorsqu'il fut nommé échevin, le gouverneur de Lyon qui le considérait comme son ennemi, entra dans une vive colère; en 1628, il fut violemment insulté par le sieur Barrault, chevalier du guet de la ville de Lyon. Par son testament du 19 mars 1648, il élit sa sépulture dans la chapelle du Rosaire de l'église du couvent des RR. PP. Jacobins de Lyon, où avait été enterrée Charlotte de Thélis, sa femme; il lègue 100 livres au couvent des Jacobins; 30 à chacun des autres couvents de religieux mendiants de Lyon; fait des legs aux églises d'Amplepuis et des Sauvages; lègue à la Charité et à l'Hôtel-Dieu de Lyon, à chacun 300 livres; autant aux pauvres prisonniers de cette ville; à sa nièce Marie Coillet, veuve du sieur Roussel, demeurant avec lui, ses maisons et vignes, situées à Irigny, ses bassins et aiguière d'argent et son lit d'amarante; à Marie d'Albepierre, fille de feue Jeanne Coillet, sa nièce, demeurant avec son neveu, le conseiller de Pomey, 500 livres; à son neveu, Pierre de Pierrefeu, dit Ramson, son domaine et seigneurie de Bel-Air; il institua héritier universel noble Hugues de Pomey, son neveu. Benoît de Pomey ayant la goutte n'écrivit pas de sa main cet acte passé à Lyon en son hôtel sis en Bellecour, paroisse Saint-Michel, en présence d'Antoine Thomé, écuyer, prévôt général en l'ancien gouvernement de Lyonnais, Nicolas Grollier, sieur de Servière, et Jean Palerne, secrétaire de Son Altesse Royale au Parlement de Dombes. Par son codicille du 28 mars 1648, Benoît de Pomey lègue à Pierre Guillard, son neveu, son office de conseiller du Roi, ancien président et trésorier de France à Lyon. Il mourut en cette ville, le lundi 4 mai de la même année, à 10 heures du soir, et fut inhumé le lendemain dans l'église des Jacobins. Il avait épousé, par contrat du 16 août 1603, étant alors secrétaire de la Chambre du Roi, et demeurant à Paris, rue du Cimetière et paroisse Saint-André-des-Arcs, Charlotte de Thélis, fille d'Antoine de Thélis, procureur en la Cour du Parlement de Paris, et de Jeanne Pilleur, assistée de son oncle et tuteur noble homme Jean Pilleur, conseiller du Roi et contrôleur général des traites foraines, en Champagne, demeurant à Paris, rue Quincampoix, paroisse Saint-Médéric; Benoît de Pomey est assisté de Pierre de Pomey, son frère, fermier général des douanes de Lyon et Paris, traites et impositions foraines de Picardie, Champagne et Bourgogne, demeurant à Paris, de noble homme Guichard Faure, secrétaire du Roi, de Pierre Ymbert, prévôt des maréchaux en Forez, de noble homme Jean Thomé, avocat en Parlement, de Claude Severt, habitant de Lyon, de Jean Fachon, commis général pour Pierre de Pomey, fermier général en la province de Champagne, tous ses amis ; Charlotte de Thélis a l'assentiment de Michel de Thélis, sieur de Boisain, procureur en la Cour du Parlement de Paris, son oncle paternel, de noble homme Guy de Thélis, conseiller en ladite Cour, son cousin germain paternel, de Michel Le Jay, procureur en ladite Cour, son cousin paternel et subrogé-tuteur, de noble homme Jean Moreau, conseiller du Roi et général en sa Cour des Monnaies, cousin germain, par sa femme, d'Henry de Bobusse, avocat en ladite Cour, son cousin issu de germain, de noble homme Jacques Le Vayer, conseiller et l'un des quatre secrétaires de la Cour de Parlement de Paris, avocat en icelle, référendaire en la chancellerie de France, son oncle maternel par sa femme. Benoît de Pomey n'eut pas de postérité de Charlotte de Thélis, qui mourut à Lyon le 4 février 1645, et fut inhumée dans l'église des Jacobins;

3° Pierre, seigneur de Croizel, notaire royal à Lyon en 1598, procureur ès cours de cette ville, fermier général des traites foraines de Picardie, Champagne et Lorraine, des douanes de Lyon et de Paris; le 17 mars 1590, les échevins de Lyon attachés au parti de la Ligue le remercièrent de leur avoir dévoilé la conjuration que les royalistes avaient faite contre cette ville et à laquelle ils l'avaient essayé de gagner; ils lui rendirent grâces infinies, comme au seul conservateur, après Dieu, de leurs vies et biens, et le déclarèrent digne d'être éternisé de la mémoire et gloire éternelle du conservateur et père de la patrie; le 2 mai suivant, le consulat, pour reconnaître en partie ce signalé service, lui fit donner mille écus et le déclara exempt de tous subsides mis et à mettre sur les habitants de la ville, pour quelque cause que ce fût. Il testa, le 25 juin 1605, étant à Paris, dans la maison de Benoît de Pomey, son frère; il lègue à la fabrique de l'église paroissiale d'Amplepuis, lieu de sa naissance 100 livres pour prier Dieu pour le repos de son âme et de celle de demoiselle Marie Thomé, sa chère et bien-aimée défunte épouse; à l'église paroissiale de Croizel 60 livres; à noble homme Briand de Pomey, seigneur de Combefort, son très honoré père deux chandeliers d'argent, où sont ses armoiries; à noble homme Jean de Pomey, son frère, avocat en la sénéchaussée et siège présidial de Lyon, une bague faite en carayne, garnie de plusieurs émeraudes; à Benoît de Pomey, son frère, une aiguière d'argent que le dit testateur a en la ville de Lyon; à demoiselles Claude, Françoise, Marie et Philiberte de Pomey, ses sœurs, à chacune d'elles une robe de serge de Florence; institue héritiers universels ses trois enfants, André, Anne et Lucresse et nomme pour leur tuteur son frère Jean de Pomey. Pierre de Pomey mourut au mois de juillet 1607; il eut de demoiselle Marie Thomé, fille de Mathieu Thomé, procureur ès cours de Lyon et greffier en la sénéchaussée et siège présidial de la dite ville, et de Jeanne de Serre:

a. Antoine, baptisé à Sainte-Croix de Lyon le 9 mars 1590, filleul de noble Antoine Thomé, prévôt de l'ancien gouvernement de Lyonnais;

b. Marguerite, baptisée à Sainte-Croix le 8 août 1591;

c. Anne, baptisée à Sainte-Croix le 20 décembre 1592, inhumée à Saint-Paul de Lyon, le 25 novembre 1643, dans la tombe de son mari noble Gaspard Jaquet, écuyer, seigneur de Fétan, tenant la poste pour le Roi;

d. Lucresse, baptisée à Sainte-Croix le 29 juillet 1594 filleule de demoiselle Lucresse de Varrassan, femme de noble Orlandin Orlandini, maître des courriers; elle épousa Jacques d'Aveyne, écuyer, seigneur de Chavanes, premier procureur du Roi en la sénéchaussée et siège présidial de Lyon, conseiller au Conseil d'Etat de Mademoiselle de Montpensier, souveraine de Dombes, procureur général de Son Altesse Sérénissime en sa Cour de

Parlement; elle mourut le 5 juillet 1666, et fut enterrée à Lyon dans le chœur de l'église du monastère de la Déserte, où Jean de Pomey, l'avocat, releva son épitaphe ainsi conçue : « Ici gît damoiselle Lucresse de Pomey, veuve de Jacques d'Aveyne, escuyer, conseiller et procureur du Roy en la sénéchaussée et siège présidial de Lyon et procureur général au Parlement de Dombes, laquelle est déceddé le cinquiesme juillet 1666 » ;

e. André, baptisé à Sainte-Croix le 17 novembre 1595, étant âgé de 13 ans et demi, il résolut d'abandonner le monde et passer à une vie plus propre à faire son salut et se rendre religieux de l'ordre de Saint-François, alors appelé le Tiers-Ordre; à cet effet, après s'être, de son mouvement et inspiration, jeté, à l'insçu de ses parents, dans le couvent de Saint-Louis que les religieux dudit ordre avaient au faubourg de Lyon, appelé la Guillotière, au mois d'avril 1609, il s'achemina aussitôt vers la ville de Toulouse, afin d'y prendre l'habit au couvent dudit lieu et d'y faire son année de probation et noviciat; Briand de Pomey, son aïeul paternel et son tuteur, craignant que ce ne fût qu'une jeunesse ou débauche, ou quelque tentation irrésolue, désirant aussi de le voir, sur ses vieux jours, fleurir au monde en l'exercice de quelque charge honorable, l'arrêta soudain en chemin et le ramena avec lui à Lyon, où il étudia un an au collège des Jésuites, ayant aussi un pédagogue; le 25 mars 1610, il rentra à l'insçu de ses parents, dans ledit couvent de la Guillotière, où il reçut l'habit de novice, et résista à toutes les sollicitations de son grand-père qui désirait le garder auprès de lui, et à ces fins avait fait plusieurs voyages du lieu de sa résidence en ladite ville de Lyon, audit lieu de la Guillotière. Au mois de juillet suivant, André se rendit au couvent de Toulouse, en compagnie d'un religieux dudit ordre, où il testa et légua 12.000 livres au couvent de la Guillotière, pour la construction d'une église neuve et les bâtiments dudit couvent, à la charge que son dit aïeul, ses feus père et mère seraient tenus pour fondateurs de ce couvent et que leurs armoiries seraient posées sur le portail de l'église qu'on allait y reconstruire et en divers autres lieux, et qu'il serait célébré, à l'intention de ses parents et amis défunts, toutes les années, à perpétuité, le 3 novembre, un service solennel de trois messes à vigiles, à neuf leçons; lègue audit couvent 600 livres pour être converties en livres de théologie, quand la bibliothèque neuve dudit couvent sera bâtie; au couvent de Notre-Dame-de-la-Paix dudit Toulouse, où il a fait son an de probation et de noviciat 6.000 livres, pour l'acquisition de tous les lieux et bâtiments que tiennent les Battus Blancs, proche dudit couvent, à la charge que son dit aïeul, ses feus père et mère seront tenus pour fondateurs dudit couvent et feront apposer leurs armes en tous les lieux de l'église desdits Battus Blancs, où sont maintenant celles de ladite confrérie, à la charge par ledit couvent de célébrer, tous les ans, le 1er juillet, jour de la mort du père dudit testateur un service solennel; en considération du lieu de la naissance du père dudit testateur advenue au lieu d'Amplepuis, où dame Françoise Gaulthier, mère de celui-ci, plusieurs de ses frères, sœurs et autres, ses parents sont ensépulturés, et afin de faire prier Dieu pour leurs âmes, il fonde en l'église paroissiale dudit Amplepuis une messe eucharistiale à basse voix, qui se dira chaque lundi à l'autel de la chapelle de son dit aïeul, au-devant de laquelle ladite défunte Gaulthier, son aïeule, est enterrée. Il fait des legs à ses sœurs Anne et Lucresse, à ses oncles Jean et Benoît de Pomey; à noble Antoine Thomé, conseiller du Roi, prévôt de MM. les maréchaux de France en l'ancien gouvernement de Lyonnais; noble Jean Thomé, docteur ès droits, avocat au Parlement de Paris et Barthélemy Thomé, seigneur du Plantin, secrétaire de la maison de Ville de Lyon, tous trois ses oncles maternels; à ses trois tantes paternelles damoiselles Claudine de Pomey, veuve de M. Claude Coillet, lieutenant de la baronnie d'Amplepuis, Marie de Pomey, femme de M. Thomas de Pierrefeu, lieutenant et châtelain d'Amplepuis, et Philiberte de Pomey, relaissée de M. Claude Tricand et femme de M. Pierre Guillard; aux enfants de feu demoiselle Françoise de Pomey, sa tante paternelle, femme de M. Pierre du Perrey; à

M. Antoine de Pomey, son cousin, lieutenant de Thizy; à Charles Tricand, son cousin, fils de ladite demoiselle Philiberte de Pomey; à Benoîte, femme d'Antoine La Pierre, d'Amplepuis, sa nourrice. Quant audit Briand de Pomey, son cher père et aïeul, pour récompense des peines et sollicitudes incomparables qu'il a toujours prises pour son bien et avancement, même à le nourrir et élever près de soi dès le jour de sa naissance, il le fait son héritier universel. Il fut nommé en religion Père Chérubin et fut un célèbre prédicateur;

f. Marguerite, baptisée à Sainte-Croix le 20 janvier 1597;

g. Marguerite, baptisée à Sainte-Croix le 22 août 1599;

h. Pierre, baptisé à Sainte-Croix le 20 novembre 1600;

4° Claudine, vivant en 1580, mariée à Claude Coillet, lieutenant de la baronnie d'Amplepuis, dont elle était veuve en 1622;

5° Françoise, vivant en 1584 et 1610, mariée à Pierre du Perrey, des Sauvages, notaire d'Amplepuis;

6° Marie, vivant en 1586, mariée à Thomas de Pierrefeu, lieutenant et châtelain d'Amplepuis, fils de Pierre de Pierrefeu et de dame Ancelys du Molard; elle fut inhumée à Amplepuis le 7 mars 1624;

7° Philiberte, baptisée à Amplepuis le 28 août 1580, filleule de Philibert Chassagny et de Françoise, femme de Claude Gaulthier, et de Marie, femme de François du Bessy, notaire d'Amplepuis; le 28 mai 1602, elle fut marraine de la grande cloche de l'église d'Amplepuis. Le 28 septembre 1663, elle fit son testament dans son lit au chastel de la Goutte; elle élit sa sépulture en l'église d'Amplepuis, en la chapelle Saint-Roch; veut qu'après son décès on distribue en aumônes 15 bichets de seigle convertis en pain, 5 bichets de légumes convertis en potage, plus 2 liards à chaque pauvre se trouvant à son enterrement, quarantaine et an révolu; demande 40 messes pour le repos de son âme, plus, incontinent après son décès, 18 messes, savoir 9 aux autels privilégiés de Villefranche et autant en ceux de Roanne; il sera donné, le jour de son enterrement, 8 mesures de seigle à 8 pauvres choisis dans la paroisse d'Amplepuis; elle lègue six vingts livres pour la création d'une rente annuelle de 6 livres sur quelque bon héritage pour le salaire d'un prêtre qui sera tenu de célébrer tous les ans à perpétuité 24 messes basses dans la chapelle de l'église d'Amplepuis, où elle sera inhumée, savoir, les premiers jeudis de chaque mois une messe du Saint-Sacrement, et une de Notre-Dame tous les premiers samedis de chaque mois, et, s'il se trouve des fêtes solennelles qui en empêchent la célébration, elle sera faite à semblable jour de la semaine immédiatement suivant, laquelle commission de messe sera conférée par son héritier universel et par les aînés mâles de sa maison à perpétuité à un prêtre de bonne vie qui jouira de la dite pension; elle entend que messire Jacques Guillard, son fils, prêtre, chanoine, exerce ladite ladite commission de messes par préférence; elle lègue à Françoise Trican, sa petite-fille, une cuiller et une fourchette d'argent; à Benoît Trican, son fils, demeurant à Perreux, sa petite écuelle d'argent; à demoiselle Jeanne Trican, sa fille, femme d'Antoine Gigat, demeurant à Lyon, son écuelle d'argent couverte et sa croix d'or; à messire Jacques Guillard, son fils, prêtre, chanoine en l'église Saint-Paul de Narbonne, deux de ses assiettes d'argent, le lit vert où il couche, etc.; à Philibert Guillard, son fils, juge d'Amplepuis, son pot ou coquemard d'argent, etc. Philiberte de Pomey mourut à la Goutte le 1er décembre 1666 et fut inhumée à Amplepuis dans la chapelle de Saint-Sébastien. Elle épousa d'abord Claude Trican, natif de Perreux, notaire et praticien d'Amplepuis, greffier en la prévôté des maréchaux de l'ancien gouvernement de Lyonnais, lequel testa le 2 mai 1609 et était fils de Charles Trican, habitant de Perreux, greffier en la prévôté de Lyonnais et de Jacquemette..... Par son testament, Claude Trican, détenu malade dans son lit dans la maison de Briand de Pomey, son beau-père, à Amplepuis, élit sa sépulture en l'église paroissiale de Perreux, tombeau de ses prédécesseurs, ou dans l'église d'Amplepuis, au-devant de la chapelle dudit sieur de Pomey, près le tombeau où est ensépulturée feu dame Françoise Gaultier, sa belle-mère. Philiberte de Pomey se remaria, le 13 février 1611, avec Pierre Guillard, le jeune, né le lundi 18 septembre 1589, environ 4 heures du matin, baptisé le même jour en l'église d'Amplepuis par M. de Nonfoux, curé, tenu sur les fonts par Pierre Guillard, son grand-père, et dame Marianne Regrey, sa grand'mère maternelle, mort, le 31 août 1653, dans la chambre basse faisant le coin ou angle du château de la Goutte, du côté du midi; il fut d'abord procureur d'office, puis greffier, ensuite lieutenant, enfin juge civil et criminel de la baronnie d'Amplepuis, en toutes lesquelles charges il acquit la réputation d'un homme incorruptible; son intégrité et son expérience le firent choisir pour arbitre de plusieurs notables différends entre personnes qualifiées, dont il mérita l'estime et l'amitié, entre autres de ce fameux prélat et ministre d'Etat messire Claude de Rébé, archevêque de Narbonne. Les affaires de la très illustre maison de Rébé furent par lui administrées pendant la minorité de messire Claude de Rébé, marquis dudit lieu, de 1638 à son décès; il aima les hommes doctes et les bons livres avec lesquels il passait toutes les heures qu'il pouvait ménager après ce qu'il devait aux affaires; il excella à planter des arbres fruitiers, son voisinage lui était redevable de l'abondance des pommes reinettes qui s'y trouvaient, lesquelles y étaient inconnues auparavant; il augmenta les biens de sa maison de la terre et fief de la Goutte, du domaine Reverdy, du moulin Bernerd, etc. Il testa le 28 septembre 1652; comme il avait vécu chrétiennement, Dieu lui fit la grâce de mourir de même, avec la consolation et les secours des Sacrements de l'Eglise et entre les bras de sa femme qui avait beaucoup contribué à la bonne éducation de leurs enfants; il fut enterré au tombeau de ses aïeux, en la chapelle Saint-Sébastien de l'église paroissiale d'Amplepuis. Par son testament fait au château de la Goutte, Pierre Guillard demande à être inhumé en l'église d'Amplepuis, au tombeau de ses prédécesseurs; fait des legs à ses fils Jacques, chanoine de l'église Saint-Paul de Narbonne, et Philibert, à sa fille Claudine, veuve du sieur de la Chassagne, de Tarare; son héritier universel est son fils Pierre Guillard, trésorier de France en la généralité de Lyon. Pierre Guillard était fils de maître Pierre Guillard, dit l'aîné, procureur d'office d'Amplepuis, notaire royal de Montagny, et de Claudine Tallebard;

8° Philibert, vivant en 1588;

9° Jeanne, vivant en 1595.

VII. Jean de POMEY, seigneur de la Goutte, Combefort et Rancé-sur-Genay, eut dans la succession de son père les fiefs de la Goutte et de Combefort, plus le domaine de Reverdy et le moulin Bernerd, situés à Amplepuis. En 1581, il achevait ses études de droit en Piémont. Il fut docteur ès droits, juge ordinaire d'Amplepuis pour les seigneurs et dames dudit lieu en 1605, avocat au siège présidial de Lyon, en 1620; fameux avocat général du présidial de cette ville, juge ordinaire de Jarniost, procureur du Roi au grenier à sel de Lyon, par provisions du 19 février 1620, procureur du roi en la sénéchaussée et siège présidial de Lyon, juridiction du prévôt des marchands, par provisions du 1er octobre 1626, lieutenant de robe courte en la conservation, maîtrise des ports, bureau des finances, douane et monnaies établie à Lyon, par provisions du 29 février 1620, procureur général au Parlement de Dombes, par lettres du 12 mai 1620, charge qu'il exerça jusqu'en 1626, échevin de Lyon de 1636 à 1638, recteur du grand Hôtel-Dieu de cette ville; il mourut à Lyon le 15 février 1642. Il avait épousé, par contrat du 22 janvier 1599, demoiselle Jeanne JAQUET, fille de noble Antoine Jaquet, seigneur de Fétan, écuyer, tenant la poste pour le Roi à Lyon, et de N. de Bourgogne, avec l'avis de Jean de Bourgogne, son aïeul maternel, dans la maison dudit Antoine Jaquet, en présence de Pierre de Pomey, procureur ès cours de Lyon. « Le jeudi 30 mars 1600, le sermon a été dit au chœur de Saint-Jean par le Père Portugois; Mesdamoiselles Chevailler et du Pomey, advocattes, ont questé pour le prédicatteur et l'ont faict volontairement, ne le sçachant que le mescredy à 9 heures du soir, et ont amassé 16 escus, qu'elles ont baillé audit predicatteur. » Jeanne Jaquet mourut à Lyon le 22 juillet 1656, à 5 heures du matin et fut inhumée à Sainte-Croix le même jour; de ce mariage naquirent :

1° Antoine, baptisé à Sainte-Croix de Lyon, le 1er janvier 1600, inhumé en la même église, devant le pilier faisant l'angle de la chapelle Saint-Claude, près le vas des du Four, le 20 juin 1601;

2° Marie, baptisée à Sainte-Croix, le 1er février 1601 ;

3° Antoine, baptisé, le 13 octobre 1602, à Sainte-Croix, où il fut inhumé le 21 juin 1604 ;

4° Charles, baptisé à Sainte-Croix le 1er octobre 1603 ; mort jeune ;

5° Jacques, baptisé à Sainte-Croix, le 29 novembre 1604, filleul de noble Jacques de Rébé, seigneur de Genouilly, baron de Poillenay ;

6° Hugues, qui suit ;

7° Jean-Antoine, baptisé à Sainte-Croix, le 14 mars 1607, filleul d'Antoine Jaquet, seigneur de Fétan, et de damoiselle Marguerite Ravot, veuve d'Antoine Mey.

VIII. HUGUES DE POMEY, chevalier, seigneur de Rochefort, les Sauvages, Montchervet, Combefort, la Forest et Rancé, fut baptisé à Sainte-Croix, le 15 février 1606, et était filleul de noble Hugues Loubat, conseiller du Roi et élu en l'élection de Lyonnais, et de dame Philiberte Moralis, femme de noble Guillaume Nepveu, avocat ès Cours de Lyon. Par lettres patentes de Sa Majesté du 9 novembre 1629 et provisions du 24 mai 1630, il fut nommé conseiller du Roi en la sénéchaussée et siège présidial de Lyon, à la place de feu Pierre Benoît. Le 20 mai 1654, le prieur général de la Grande Chartreuse lui donna part à toutes les prières de son ordre. Il fut nommé, le 21 décembre 1659, à la charge de prévôt des marchands de Lyon qu'il exerça en 1660 et 1661 ; il fut pendant les mêmes années membre du tribunal de la conservation de cette ville. Il fut aussi capitaine-penon du quartier de la rue Tramassac, où il avait un hôtel qu'il habitait, et recteur du grand Hôtel-Dieu de Lyon. Il vendit, le 4 février 1659, à noble Jean-Baptiste du Lieu, conseiller du Roi,

intendant des postes et maître des courriers français et étrangers en la généralité de Lyon, Dauphiné et Bas-Languedoc, son office de conseiller au siège présidial de Lyon et il aliéna à noble Louis Bay une maison venant de son oncle, Benoît de Pomey, située en Bellecour. Le 17 avril 1670, messire Claude de Rébé, marquis d'Arques, lui céda une chapelle en l'église d'Amplepuis, sous le vocable de Saint-Philibert, pour le récompenser de celle qu'il avait dans le chœur de ladite église, laquelle fut démolie pour l'agrandissement dudit chœur, refait par Claude de Rébé, archevêque de Narbonne. Cette chapelle de Saint-Philibert fut mise alors sous le vocable de Sainte-Radegonde, qui était celui de la chapelle que les Pomey, seigneurs de Rochefort, avaient autrefois dans l'église d'Amplepuis. Hugues de Pomey quitta Lyon pour Rochefort, après une assez grave maladie, causée sans doute par son grand âge (80 ans), et le 26 novembre 1686, M. Guillard écrivait d'Amplepuis à autre Hugues de Pomey, futur héritier de Rochefort que, depuis son départ de Lyon, la santé de M. de Pomey avait toujours été de bien en mieux, qu'il allait à la messe et à ses affaires avec facilité et le secours de sa chaise (voiture). Le 9 janvier 1688, il fit son testament ; il choisit sa sépulture dans l'église de l'Hôtel-Dieu de Lyon, auquel il lègue une pension annuelle de 600 livres, sous certaines conditions ; à l'Aumône Générale une pension annuelle de 100 livres ; il veut qu'aussitôt après son décès on distribue aux pauvres prisonniers de Roanne, à Lyon, et de l'Archevêché, à chacun d'eux cinq sols, pour qu'ils disent dans leurs chapelles le *miserere* et les litanies de la Vierge et de tous les Saints, auxquels il prie son héritier d'assister, et que messire Oudray, prêtre de Saint-Etienne de Lyon, dise dans chacune des dites chapelles une messe pour lui ; il donne à celui-ci 150 livres, une soutane et un manteau d'une serge honnête, à condition qu'il dise 150 messes pour lui ; lègue, pour 200 messes basses des Morts, 100 livres aux R. R. P. P. Jésuites du petit collège de rue du Bœuf ; pour 200 autres messes, 100 livres aux R. R. P. P. Trinitaires du Gourguillon ; pour 300 messes, 150 livres aux Dames du premier monastère de cette ville de Sainte-Marie de Bellecour, il charge de ce soin surtout les parentes qu'il y a et principalement mesdames Pelot, ses nièces ; pour 200 messes, 150 livres aux Dames Religieuses de Sainte-Claire, dans l'église desquelles est inhumée Dame Marie Pelot, son épouse ; pour 200 messes, 100 livres aux R. R. P. P. Récollets de Belle-Grève ; pour 20 messes, 100 livres aux Dames Religieuses de Sainte-Elisabeth de Bellecour, il prie des parentes qu'il y a d'y veiller ; veut que, chaque samedi, on célèbre une messe des Morts dans sa chapelle du bourg d'Amplepuis, sous le vocable de Saint-Philibert et Sainte-Radegonde, laquelle sera dite le dimanche dans sa chapelle de Rochefort, lorsque les seigneurs ou dames de ce château y seront; demande une messe, chaque samedi, dans les églises du Bois-d'Oingt et de Genay ; lègue une aumône de 60 bichets de seigle aux pauvres habitants ses justiciables du quartier d'en haut d'Amplepuis et semblable aumône à ceux de la paroisse des Sauvages ; demande 120 messes dans l'église des Sauvages ; autant dans celle d'Amplepuis. Il lègue à M. Pierre Guillard, chevalier, premier président au bureau des finances de la généralité de Lyon, entre autres choses, une petite croix d'or dans laquelle sont enchâssés sept petits diamants et une petite perle fine. Il révoque tous les actes qu'il aurait pu signer en faveur de dame Marie Rebourg, son épouse, et des enfants de celle-ci ; lui lègue une pension viagère de 800 livres, une rose de diamants, un christ de diamants, une tapisserie de Flandre, six assiettes d'argent bordées, six cuillers, six fourchettes, sa grande aiguière, son grand bassin d'argent, deux de ses moindres chandeliers d'argent ; si ladite dame Rebourg ne lui survit pas cinq ans, il donne à Bonaventure, Suzanne et Sibille Bois, ses enfants, la jouissance de son domaine Paradis, situé à Saint-Laurent-d'Oingt acquis de dame Constance Bellet. Il institue héritier universel Hugues de Pomey, avocat ès Cours de Lyon, son filleul, lui substituant, pour Rochefort, ses descendants mâles à l'infini... Hugues de Pomey mourut à Lyon, en 36 heures de temps, le mercredi 28 avril 1688 et fut inhumé le surlendemain dans l'église de l'Hôtel-Dieu de Lyon, où il fut conduit par la procession de Sainte-Croix. On fit ensuite l'inventaire de sa succession : Premièrement, à Lyon, rue du Bœuf, 4 pièces de tapisserie de Flandre en personnages, 4 tableaux peints à l'huile, représentant les 4 Eléments, garnis de cadres de bois noir, 3 grands tableaux peints à l'huile, garnis de leurs cadres, un petit tableau peint à l'huile, garni de son cadre en bois noir, représentant un Christ, 4 pièces de tapisserie de Flandre, une autre pièce de tapisserie de Flandre à personnages, une montre d'or, 4 tableaux peints à l'huile représentant la Madeleine, l'Enfant Jésus, Notre-Dame avec l'Enfant-Jésus et saint Jean-Baptiste, et saint Jean dans le désert, 2 crucifix, l'un de buis, l'autre d'ivoire, garnis de leurs cadres et de leurs fonds de velours, une basse de viole, un tableau peint à l'huile sur bois représentant la Nativité de Notre-Seigneur, un tableau peint à l'huile, représentant des fruits et des fleurs, 3 vieux cors de chasse, une trompe de cuivre, 25 orangers chinois avec leurs pots vernis, un bonnet carré de palais, 3 robes de palais, l'une de camelot de Hollande, l'autre de drap, la troisième d'étoffe, un justaucorps, un pourpoint et une culotte de taffetas à carreaux noirs, deux justaucorps, pourpoints et culottes serge de Nîmes, couleur de muse, un justaucorps, pourpoint et culotte serge de Rome, un justaucorps drap bleu, garni de boutons d'or, une chemisette peau de chamois, couverte de satin noir, un manteau de crêpe noir, un manteau brandebourg bleu, un manteau de baracan, 2 justaucorps drap jaune, de la livrée dudit défunt, une tenture de brocatelle aurore et rouge, à bandes aurore et vert, 2 pièces tapisserie taffetas à la chine et la garniture de 4 chaises même taffetas, 2 coussins d'autel taffetas rouge, garnis de dentelles en brodures d'or et d'argent, une garniture de lit damas rouge, en 12 pièces, y compris pentes et portières, estimée 300 livres, la couverture de 3 placets et de 3 chevets à fauteuils, velours rouge, garnis de franges de même couleur, la garniture d'un lit tapisserie en points de Hongrie, doublée d'un satin couleur de rose, consistant en 5 rideaux et 6 pentes, estimée 320 livres, la garniture de 14 chaises à dossiers, tapisserie point de Hongrie, assortissant audit lit, estimée 60 livres, la garniture de 18 chaises velours en or, garnie d'une frange or et argent filé, la garniture d'un lit damas vive et aurore, de 9 pièces, et la garniture de 10 chaises à dossier de même étoffe, le tout doublé de boccassin, estimé 250 livres, 2 douzaines de vieux mousquets à l'antique, 2 fusils de chasse à rouet, 6 hallebardes, 3 pertuisanes, la garniture d'un grand lit, de 18 pièces étamine en soie, à raies rouges et grises, 2 burettes aux armes du défunt, une basse de viole, 2 violons, 5 cuirasses, 5 pots en tête, vieux et rouillés, la vaisselle d'argent et les jetons estimés 3,861 livres. (Parmi les objets appartenant à Marie Pelot, première femme d'Hugues de Pomey et dont il avait conservé l'usufruit, se trouvaient un tableau représentant une tête de Christ flagellé, 4 représentant les 4 Saisons, un où était dépeint un Christ mourant, 2 petits tableaux peints sur du cuivre, une mignature représentant des figures de dévotion et autour des cordons de fleurs, un grand tableau représentant Jupiter dans un char.) 8 pièces de tapisserie de Flandre représentant la mort de César, un cheval poil noir estimé 100 livres, un cheval bai châtain, 105 livres. Les tableaux sont estimés par sieur Pierre Coindre, maître-peintre de la ville de Lyon : le grand tableau à cadre noir représentant la sainte Vierge, sainte Elisabeth, saint Jean et saint Joseph, qui est de la manière d'Albane, 165 livres ; les 4 tableaux sur bois, représentant les 4 Saisons et les 4 Éléments, 200 livres ; celui du Christ couché, accompagné de 2 anges, 400 ; celui représentant la sainte Vierge et l'Enfant Jésus, au cadre doré, 100 livres ; un tableau représentant la Nativité de Jésus-Christ, autour duquel les 4 Evangélistes sont peints avec l'Annonciation, 25 livres ; un tableau représentant Apollon dans son char de triomphe, accompagné des Grâces, 25 livres ; le tableau du crucifix dans lequel saint Jean-Baptiste et saint Bruno sont peints, 6 livres ; le petit tableau représentant sainte Madeleine, avec un crucifix à la main, qui n'est qu'une copie, 10 livres ; saint Jean dans le désert, qui est fort petit, 30 livres ; un tableau peint sur bois représentant Jésus-Christ, saint Jean-Baptiste, la sainte Vierge, sainte Elisabeth, dont le cadre est fort ancien, de bois noir et filet doré, 15 livres ; le tableau représentant une corbeille à fruits avec des fleurs, dont le cadre est noir et uni, 20 livres ; un carrosse, une chaise roulante, une litière, une chaise à porteurs. On poursuit ensuite l'inventaire, à Fontanières, domaine dudit défunt, sur le grand chemin de Lyon à Oullins ; puis dans la maison forte appelée la Tour-de-Rancé, sur le chemin de Neuville au Vernay, où on trouve 4 morceaux de tapisserie antique, façon de Bergame, 10 fusils de chasse, une jument poil blanc, vieille et boiteuse, un mulet poil bai obscur, une vieille jument poil blanc, une jument poil d'étourneau, 3 vaches, etc. De là on va à la Forest, paroisse d'Oingt, sur le chemin tendant d'Oingt au port de Chabot. Enfin on se rend au château de Rochefort.

Par contrat du 27 octobre 1633, Hugues de Pomey épousa damoiselle Marie PELOT, fille de messire Claude Pelot, chevalier, seigneur de Sandars et du Port-David, trésorier général de France en la générosité de Lyon, prévôt des marchands de cette ville, et de damoiselle Marie Poculot ;

Hugues de Pomey est assisté de son oncle messire Benoît de Pomey, chevalier, seigneur de Rochefort et des Sauvages; ce contrat fut passé à Lyon en l'hôtel dudit Claude Pelot, en présence de noble Gaspard Jaquet, écuyer, seigneur de Fétan, secrétaire du Roi; Jean-Baptiste de Sarde, chevalier, trésorier de France à Lyon; noble Barthelemy Puget, procureur du Roi en la sénéchaussée et siège présidial de Lyon et procureur général au Parlement de Dombes; Antoine Thomé, écuyer, prévôt général en l'ancien gouvernement de Lyonnais; noble Jean Pillehote, demeurant à Lyon; Jean Viallier, conseiller enquesteur et examinateur en ladite sénéchaussée; Jean de Chavanne, écuyer; Pierre Gayot, demeurant à Lyon, tous parents d'Hugues de Pomey; Gaspard de Monconis, écuyer, seigneur de Liergues et Pouilly, lieutenant-général criminel en la sénéchaussée et siège présidial de Lyon, maître des requêtes au Parlement de Dombes; Nicolas Richard, seigneur de la Barollière, secrétaire du Roi; noble Paul Mascranni, seigneur de la Verrière et de la Trésorière; noble André Olier, demeurant à Lyon; Baltazard de Mornieu, écuyer, seigneur de Gramont, trésorier général de France à Lyon, et noble Jean-Baptiste du Bois, tous parents de Marie Pelot. La bénédiction nuptiale leur fut donnée, le 7 novembre suivant dans l'église de Saint-Paul de Lyon. En 1649, madamoyselle la conseillère de Pomey (Marie Pelot), fut reyne pour saint Philibert, à Amplepuis. Par son testament du 4 juin 1669, elle lègue 400 livres aux religieuses de Sainte-Claire; demande 1.500 messes, à raison de 8 sols l'une; lègue au curé des Sauvages 150 livres pour 100 messes et un *De Profundis* à la fin de chacune; à M. Hauldray 60, pour 100 messes, un manteau et une soutane; demande un service et une grande messe en l'église des Sauvages; donne une aumône de 50 bichets de blé aux plus pauvres de cette paroisse; lègue 200 livres aux prisonniers, pour en délivrer quelques-uns; 300 à l'Hôpital de la Charité de Bellecour; 200, par an, au capital de 4.000 livres, au grand Hôpital des malades, pour la nourriture et l'entretien d'un incurable; 600 à demoiselle Marie Dodat, sa damoiselle; 250 à son valet de chambre; 40 écus, pour apprendre un métier, à Pierre Guespe, ci-devant son laquais; 150 à son cocher; 60 à son palefrenier; 30 à sa cuisinière; 50 à M. Pourra, curé de Saint-Laurent-d'Oingt, pour dire 100 messes pour elle; 20 à M. l'archiprêtre du Bois-d'Oingt; 300 pour être distribuées par Mme de Liergues ou autres aux pauvres du quartier de la testatrice; à dame Jeanne Pelot, sa sœur, femme de M. de Châteauvieux, sa croix de diamants et ses heures sur lesquelles il y a des émeraudes. Elle institue ses héritiers messire Claude Pelot, son frère, maître des requêtes, dame Anne Pelot, sa sœur, femme de M. Paul Mascranny, seigneur de la Verrière, et dame Jeanne Pelot, sa sœur, femme de M. Gueston de Châteauvieux. Par un codicille qu'elle fit le 25 juin 1681, Marie Pelot lègue aux religieuses de Sainte-Claire 500 livres; aux Pères Récollets de Lyon, appelés de Belle Grève, 150, pour 300 messes; sa juppe verte, pour faire des ornements, à l'église des Sauvages; une aumône en blé aux pauvres dudit lieu; sa juppe bleue, pour faire des ornements, à l'église du Bois-d'Oingt; une chasuble rouge, à l'église de Saint-Laurent-d'Oingt; à damoiselle Marie Dodat, sa damoiselle, 1.000 livres en argent, 100 livres d'œuvre à filer, ses habits, linges, dentelles, gants, souliers, son petit cabinet d'ébène et une pièce de toile qu'elle a à la blancherie de Létra; un habit de deuil à sa cuisinière; 100 livres au curé de Saint-Laurent-d'Oingt; à Jeanne Pelot, sa croix de diamants; à Mlle de Châteauvieux, 10.000 livres, son grand cabinet d'Allemagne, sa toilette de brocard et le coffre de toile d'or qui l'enveloppe. Elle substitue à M. Pelot, son frère, M. Pelot, son fils aîné; donne 10.000 livres à M. Mascranny, lieutenant-général, sur la portion de Jeanne Pelot; à André Goutallier, son filleul, 150 livres et un habit de deuil; à la petite Margoton, nourrie à la Forest, 200 livres et un habit de deuil; 30 livres à la tante, ou femme de bassecour servant à Rochefort, 30 à celle de Genay; 60 à celle de la Forest; à Rousseau, marchand-tailleur d'habit qui a été à son service, 150 livres et un habit de deuil; 100 livres au petit Giraud, ci-devant son laquais; 30 à la la Bonté, laquais de son mari; 30 au jardinier de Rochefort; 20 à celui de la Forest; 30 à Benoîte Rolin, servante à Rochefort; à ses deux servantes de Lyon, à chacune un habit de deuil. Elle désire que son laquais soit habillé de deuil, quand elle sera décédée; donne 1.000 livres aux filles de la confrérie de Sainte-Françoise de Lyon; 180 aux Filles Pénitentes de Sainte-Marie-Madeleine de Bellecour. Marie Pelot, mourut à Lyon le samedi 26 juin 1681, à 4 heures du matin, et fut inhumée le lendemain à Sainte-Claire.

Hugues de Pomey se remaria, par contrat du 8, le 11 mai 1686, avec damoiselle MARIE REBOURG, veuve de Corneille Bois, notaire royal et procureur d'office de Genay, en Lyonnais. Cette femme, peu délicate dans ses manières, comme dans ses sentiments, non contente d'avoir fait, du vivant d'Hugues de Pomey, des enlèvements de meubles et d'effets, en fit encore au moment de son décès, aussitôt après et lors de l'inventaire. Elle testa le 23 février 1696, et élut sa sépulture dans l'église de Sainte-Croix. Hugues de Pomey n'eut postérité d'aucune de ses deux femmes.

Seconde branche des seigneurs de Rochefort.

VI. JEAN DE POMEY-CAZARD, vivant en 1584 et vers 1620, eut de LOUISE MERLE, qui lui apporta le domaine de Monteillet :

1° Jean, qui suit ;

2° Claudine, vivant en 1604

3° Pernette, vivant en 1593 ;

4° Pierre, baptisé à Amplepuis, le 20 décembre 1580, filleul de Pierre Mignard, de la Combe, de Jean du Bessi et de Françoise, femme de Briand de Pomey. Il habitait Amplepuis en 1639 et possédait un domaine au bourg de Saint-Clément-de-Valsonne. Demeurant à Lyon, il testa le 25 avril 1653 ; il élit sa sépulture en l'église des Carmes, près de l'autel de Notre-Dame du Mont-Carmel, s'il meurt en cette ville ; lègue aux Carmes, aux Carmes Déchaussés et aux Capucins de cette ville ; il institue héritier universel Jean de Pomey, son neveu, demeurant à Lyon ;

5° Charles, baptisé à Amplepuis le 8 mai 1585, filleul de Charles Silvestre, de la Combe, et de Marguerite du Becy ;

6° Marie, baptisée à Amplepuis le 20 août 1586, filleule de Charles Silvestre, de la Combe, de Marie, femme de Benoît Merlier, et de Jacqueline Muleton.

VII. Jean de POMEY, dit du Monteillet, vivant en 1607, eut de Benoite de ROYRE-RAFFIN :

1° Jean, qui suit;

2° Philiberte, baptisée à Amplepuis le 30 août 1614, filleule de Pierre de Pomey et de Philiberte de Pomey, femme de M. Guillard, le jeune; elle épousa Louis Bourin, demeurant en la paroisse de Naux;

3° Charlotte, baptisée à Amplepuis le 25 mai 1616, filleule de Pierre de Pomey, son oncle, et de madamoyselle la trésorière de Pomey, Charlotte de Thélis; elle épousa Claude Durel, habitant de Ronno;

4° Pierrette, mariée à Thomas Sandrin, habitant d'Amplepuis.

VIII. — Jean de POMEY, baptisé à Amplepuis le 27 janvier 1612, filleul de Jean de Pomey, son grand-père, et de Marie de Pomey, femme de M. le châtelain, possédait le domaine du Monteillet et habitait Lyon. Il épousa Charlotte PERRODON, laquelle fut inhumée, le 5 septembre 1684, dans l'église paroissiale d'Amplepuis, après avoir été munie du Sacrement de pénitence; il en eut :

1° Hugues, qui suit;

2° Henri, qui habitait Lyon et possédait le domaine du Bourg, à Naux; il fut avocat en Parlement et châtelain de Rochefort et les Sauvages, testa le 28 juillet 1688, mourut le 5 juillet 1724, âgé d'environ 62 ans et fut inhumé le lendemain dans l'église de la paroisse d'Amplepuis;

3° Marie, baptisée à Saint-Pierre et Saint-Saturnin de Lyon le 14 mai 1648, filleule d'André Perrodon, procureur ès Cours de Lyon; elle épousa Maurice Giraud, habitant de Lyon, contrôleur au grenier à sel de Châtillon-lès-Dombes, par provisions du 1er février 1705, possédant des domaines à Clémencia et Fleurieu, près de cette ville; ils testèrent ensemble le 23 novembre 1702. Le 1er avril 1714, elle fit un testament par lequel elle demande 1.000 messes basses des morts; lègue à Jacques de Pomey, son neveu et filleul, sa maison située à Lyon, rue du Charbon-Blanc, où elle demeure, à côté de celle où est pour enseigne le croissant de la lune, 3 domaines, dont 2 en Bresse et l'autre en Beaujolais, paroisse Sainte-Marguerite, sa charge du conseiller du Roi, contrôleur au grenier à sel de Châtillon-lès-Dombes, un grand crucifix d'ivoire monté sur une glace et un cadre doré, un tableau représentant Notre-Dame. Elle possédait une maison dans la rue du Charbon-Blanc, une sur la place de la Triniré, un domaine au Perron, paroisse d'Oullins, et un à Marcy-le-Loup; elle les lègue à son héritier universel Jean Giraud, demeurant à Lyon, rue Bonnevaux. Elle fit le lendemain un codicille par lequel elle lègue à son neveu Jean de Pomey, 4 cuillers, 4 fourchettes, une écuelle couverte et une assiette, le tout d'argent. Elle fut enterrée, le 4 avril 1714, par le clergé de Saint-Nizier de Lyon;

4° Nicole, mariée, par contrat du 2 septembre 1685, avec Claude Truchet, de Saint-Symphorien-de-Lay, fils d'autre Claude Truchet et de feu dame Marie Bret-Papot, en présence d'Hugues de Pomey, avocat en Parlement, frère de la future, et d'André Grumel, seigneur de Montgaland; ce contrat fut passé à Amplepuis, dans la maison de Philibert du Bois, avocat en Parlement, châtelain d'Amplepuis. La bénédiction nuptiale fut donnée aux époux, le 27 septembre suivant, dans l'église d'Amplepuis. Ils firent, le 23 novembre 1686, un testament mutuel par lequel ils élurent leur sépulture en l'église ou cimetière de Saint-Symphorien. Claude Truchet testa de nouveau à Saint-Symphorien le 30 juin 1692. Sa femme avait eu dans la succession de ses père et mère un domaine à Saint-Clément-de-Valsonne, ayant des bâtiments au château et au bas du bourg (voir leur postérité note 1, après la présente généalogie);

5° Jeanne, morte avant 1684, mariée, par contrat du 9 janvier 1669, à Claude Farges, habitant de Ronno, fils de Pierre Farges, dudit lieu, et de dame Anceline Barjot (v. note 2);

6° Jean, baptisé à Saint-Pierre et Saint-Saturnin de Lyon le 10 mars 1652 ;

7° Bonne, baptisée à Amplepuis le 6 décembre 1655, filleule de Pierre Guillard, seigneur de la Goutte, chevalier, conseiller du Roi, trésorier de France à Lyon, et de dame Bonne du Colombier, femme de M. d'Ornaison ;

8° Eléonore, baptisée à Saint-Pierre et Saint-Saturnin le 9 mars 1654, filleule d'Eléonore Mizauld, femme de M. le trésorier Guillard.

IX. Hugues de POMEY, seigneur de Rochefort, les Sauvages, Montchervet, la Forest et Rancé, baptisé à Saint-Pierre et Saint-Saturnin de Lyon le 26 décembre 1650, était filleul d'Hugues de Pomey, seigneur de Rochefort, et de Marie Daudenez, femme d'André Perrodon, procureur ès Cours de Lyon ; il était étudiant en philosophie en 1669, avocat en Parlement et eut, dans la succession de ses parents, le domaine du Monteillet. Il hérita, en 1688, de son cousin et parrain Hugues de Pomey, ancien prévôt des marchands de Lyon. Dès le 21 juillet 1698, il signait de la main gauche, à cause de la paralysie dont il était atteint de la main droite et au côté droit. Le 18 mars 1700, Paule de Chambaud de Bavas, sa femme vendit, en son nom, à Antoine Perrin, ancien échevin de Lyon, une maison située en cette ville, rue Tramassac ou du Bœuf, venant d'Hugues de Pomey, le prévôt des marchands. Il fut nommé secrétaire de la Cour du Parlement de Dombes, par provisions de juin 1703 et mourut en 1710 ou 1711. Le 27 novembre 1690, il avait fait contrat de mariage, au bourg de Tarare, avec damoiselle Paule de CHAMBAUD, fille de Jacques de Chambaud, écuyer, seigneur de Bavas et de dame Anne du Fournel, chez lesdits seigneur et dame de Bavas, en présence de Jean-Baptiste et Claude de la Roue, frères utérins de la future. Paule de Chambaud de Bavas testa à Tarare, lieu de la Platière, le 29 décembre 1733, dans la maison de la succession de messire Jacques Valfort, prêtre sociétaire de Tarare ; elle élit sa sépulture dans l'église des Sauvages, si elle meurt dans la paroisse d'Amplepuis ; demande, outre ses services d'enterrement, quarantaine et annuel, 40 messes basses ; 100 chez les RR. PP. Capucins de Tarare; 100 dans la chapelle de Rochefort : un service chez lesdits Pères capucins et un autre dans l'église Sainte-Marie-Madeleine de Tarare ; lègue 50 livres à l'hôpital de Tarare ; à damoiselle Paule de Pomey, sa petite-fille, son pot à eau d'argent ; à Marie-Nicole de Pomey, son autre petite-fille, son écuelle et sa tasse d'argent. De 1734 à 1739, elle eut un appartement à Lyon dans la maison de Bergeron des prêtres perpétuels de l'église de cette ville, rue Gourguillon ou Tramassac. Le 5 février 1740, elle avait changé d'appartement et écrivait à son fils Jacques de Pomey, qui était à Rochefort et relevait de maladie ainsi qu'une de ses filles. Elle mourut le 30 décembre suivant et fut enterrée le lendemain à Saint-Georges de Lyon. Du mariage d'Hugues de Pomey avec Paule de Chambaud de Bavas naquit un fils unique.

X. Jacques de POMEY, chevalier, seigneur de Rochefort, les Sauvages et Montchervet, né le 20, baptisé à Sainte-Croix de Lyon le 23 février 1692 eut pour parrain et marraine messire Jacques de Chambaud de Bavas, son aïeul, et dame Marie de Pomey, sa tante, femme de Maurice Giraud. Il recueillit, en 1714, dans la succession de cette dernière les domaines de Pichoux et de Vacheresse, en la paroisse de Clémencia, près de Châtillon-lès-Dombes, qu'il aliéna plus tard. Il possédait à Moiré un vignoble acheté par sa mère, en 1722, de Louise de Ronchivol, veuve de Jean Valfort ; il l'agrandit et le transmit à ses descendants. Par son testament du 24 avril 1731, son oncle maternel messire François de Chambaud, seigneur de Bavas, l'institua son héritier universel ; il eut dans cet héritage la prébende de Chalamont, à Tarare, qu'il conféra, en 1749, au sieur Ayasse, prêtre du diocèse d'Embrun, son aumônier de Rochefort ; en 1755, il la donna à Jean-Baptiste Fulconis, prêtre provençal, son aumônier depuis plusieurs années, lequel remplit encore dix ans ces fonctions d'aumônier de Rochefort. En 1741, Jacques de Pomey vendit à Barthélemy Girerd, bourgeois de Tarare, son domaine vulgairement appelé Gros Pierre, en ladite paroisse, venant de la même succession, en présence dudit messire Jean-Baptiste Fulconis, prêtre, résidant au château de Rochefort. Le 2 décembre 1746, sa voisine Diane d'Yzerand, marquise de l'Aubépin, lui écrivant, le traitait de cher compère et le chargeait de certaines affaires avec ses fermiers de l'Aubépin et de Sarry : elle lui parlait de sa bonne amie Mademoiselle de Rochefort (Paule de Pomey, fille de Jacques), qui se décidait à prendre le bon parti pour le bonheur de sa vie, en demeurant toujours avec son père. En 1748, il vendit son domaine de Chez le Bourg, sur Sainte-Marguerite-de-Naulx et Neulise à Jean Tixier, marchand de Sainte-Marguerite ; il lui venait de sa tante Marie de Pomey, femme de Maurice Giraud. Demeurant à Lyon, rue Saint-Joseph, paroisse d'Ainay, il fit un codicille le 23 avril 1772 et mourut le 30 août 1773 ; le lendemain il fut inhumé dans le chœur de l'église des Sauvages, au tombeau de ses prédécesseurs, en présence de de Girard, curé d'Amplepuis, de Chavanne de Rancé, Chermette, vicaire de Joux, Cognasse, vicaire d'Amplepuis, Tiolleron, Cortay, prêtre, et Crozier, curé des Sauvages.

On a conservé au château de Rochefort quelques fragments de ses livres de compte, dans l'un desquels on lit son écriture jusqu'à cette date : « 13 aoust 1773. » On le voit revivre à la lecture de ces quelques pages, on y devine les occupations de sa vie, le train de sa maison, ses goûts, et, grâce à cela, on se reporte facilement au siècle où il vivait. Commençons par ses domestiques ; il devait en avoir huit ou dix. Le gage de son cuisinier était de 135 à 150 livres par an ; le dernier mourut, à l'âge de 52 ans, le 21 février 1770 ; il le servait avec attachement depuis le 29 décembre 1751. Le postillon ou cocher, qui sans doute montait un des deux chevaux traînant sa voiture, recevait, chaque année, de 60 à 66 livres, un justaucorps, une veste et un chapeau ; l'un d'eux, qui était de Clermont, en Auvergne, avait de plus une bouteille de vin par jour ; il était d'un pays où cette boisson était de rigueur. Il donnait à son laquais ou valet de chambre 60 livres annuellement, plus le justaucorps, la veste et le chapeau. La fille de chambre avait de 60 à 75 livres par an ; elle répondait de la vaisselle d'argent, et quand il manquait une cuiller, elle la payait. La cuisinière des domestiques, tante ou femme de basse-cour, qui avait un gage de 30 livres changeait souvent et sortait généralement pour se marier. Le maître-valet ou valet de peine était chargé des sacs et des outils, il recevait annuellement 60 livres ; il semble qu'il avait un aide. La bergère était payée 25 livres par an. Le jardinier, au gage de 90 livres, semble inamovible ; il écrivait son nom sur les livres de jardinage : « Jean Thomas, qui n'est ni capucin, ni prêtre, ni n'a envie de l'être, mais qui est jardinier à Rochefort ». Le postillon et le laquais avaient des surnoms : Saint-André, Beaujolais, Clermont.

Voici les mets qui paraissaient alors sur la table du seigneur de Rochefort, qui était assez bien servie pour l'époque : vins de Bourgogne ; de Givry embarqué sur la Saône de Châlon à Riotiers et de là allant par terre à Rochefort ; de Champagne rouge ; de Malaga; de Navarre ; de Malaga blanc ; de Rancio ; des Canaries ; de Malvoisie d'Espagne ; de Xérès ; de Chypre ; de Pouilly blanc ; de Julliénas. Les liqueurs et sirops que Jacques de Pomey consommait se nommaient : eau d'anis fin, eau de scabat, eau de cinamomum, eau de ratafia de cassis, parfait amour, canelat royal, anisette, ratafia de Grenoble, sirops d'orgeat et de limon, limonade, sirops de capillaire, de lavande et de myrte, ratafia à la fleur d'oranger, enfin liqueur agréable donnée par M. de Thizy, dans laquelle entraient une pinte d'eau de vie excellente, deux oranges de Portugal et du sucre rapé. Les épiciers Chauvin et Tassin, de Lyon, et les confiseurs Hudelot, de Lyon, et Stoffel, de Verdun, à l'enseigne de la Balance, expédiaient des framboises en fruit et à la conserve de rose, des boutons de fleurs d'oranger, des figues d'Ollioules, des raisins de Calabre, des pruneaux de Tours, des brignolles fines, des capres fines, des olives, des oranges bigarattes d'Hyères, des figues fleurettes, de la gelée de pommes, des marmelades de fleurs d'oranger et de bergamotes, des pâtes d'abricots, des prunes de Dijon, des abricots d'Auvergne..... Pour le carême on avait de la merluche, des harengs laités, de la morue de Hollande, des anchois de Nice, des harengs blancs. En fait de fromages on savourait ceux de Sassenage, de Gruyère, de Roquefort et de Saint-Didier. Les viandes de luxe étaient les poulardes, les bécasses et les pluviers dorés. Les autres provisions de ménage que les épiciers envoyaient de Lyon étaient la réglisse en poudre, les massepains, le sucre royal de Marseille, le riz de Piémont, le saucisson de Boulogne, la moutarde de Besançon, les chocolats de santé et à la vanille, les macarons, les biscuits, les anis à la Reine, le miel de Narbonne, l'angélique de Bohême, les diablotins; la réglisse anisée de Dieppe, les truffes noires, le safran en poudre..... Il y avait aussi des graines pour les canaris de Mademoiselle de Pomey. Le sel venait de Thizy, le pain se trouvait à Amplepuis et la viande arrivait de chez Gordiat, de Tarare; elle coûtait 15 livres le quintal; les têtes de veau, 8 sols; les pieds de veau, un sol; les foies, 8 sols; les langues et les queues de mouton, 2 sols la pièce.

Sur les livres de compte de Jacques de Pomey on voit qu'il achète, en 1747, une veste brodée pour la somme de 100 livres; en 1749, un habit coûtant 266 livres, 5 sols. En 1754. Mulet, son tailleur, lui confectionne une veste cramoisie canellée et une culotte de velours cramoisi. Il possédait, en 1755, des chemises fines brodées et des chemises de deuil à franges. En 1756, il achète, chez Charasson, un chapeau de castor. Il paye, en 1757, un compte à M. Parent, drapier : satin fort cramoisi fin, sigonie lis, velours de Gênes noir, étamine blanche, baraland superfin, drap de Lodève. En 1766, il fait le compte de ses mouchoirs de poche, au nombre de 186, dont 78 bleus des Indes, 39 rouges des Indes, 12 rouges d'Aubenas, 10 petits de Garme, 18 gris des Indes, 6 bleus en lin et 18 indiennes pour la nuit. Il usait pour sa toilette d'eau de lavande de Briançon. Il faisait grande consommation de perruques; en 1747, il en achète une en bonnet, d'un beau gris, 18 livres; en 1756, une autre très blonde.

En 1747, M. Villard, lapidaire, lui vend une bague grenat syrien, 36 livres. Il aimait à changer souvent de montre; le 1er août 1752, il troque chez Hardouin sa montre d'argent de défunt Le Noir contre une montre d'or et paye 216 livres. Le 1er avril 1753, il rend à Hardouin ladite montre d'or, lui prend une montre d'argent à repétition et paye, en outre, 84 livres. Le 1er mai 1753, il rend cette montre d'argent et reçoit d'Hardouin une montre d'or à répétition, pour laquelle il lui remet 228 livres; cette dernière montre lui revient à 600 livres. Le 9 avril 1754, il la change contre une autre montre à répétition, qu'il troque encore, le 15 avril 1757, contre une montre d'or à répétition.

En 1745, il achète une écuelle d'argent de rencontre, 55 livres, 10 sols; une saucière d'argent, chez le sieur Gentil, orfèvre, 132 livres; en 1746, chez Mme Roche, bijoutière, un couteau de chasse de nacre garni d'argent, 40 livres, une tabatière de requin, 36 livres; en 1747, un miroir, 280 livres; en 1748, chez Villard, à l'Herberie, une cafetière d'argent, 160 livres; en 1749, 2 cuillers à ragoût d'argent, chez Nesme, orfèvre, 86 livres, 12 sols; une cuiller d'argent pour le sucre, 32 livres; en 1750. des girandoles ou bras double de cheminée doré, 36 livres; en 1751, des cuillers à café, 37 livres, 12 sols; en 1752, un cachet à deux écussons; en 1756, 2 flambeaux d'argent vieux, 185 livres; un réchaud vieux, 252 livres; un bassin à barbe, 255 livres; en 1757, un trumeau, chez M. Isnard; en 1759, une pendule chez Hardouin, dont la boîte est vernie en vert et en or; en 1765, chez le sieur Corvieux, une cuiller à soupe en vieux, 60 livres; en 1769, un baromètre et thermomètre, 33 livres; une lunette à longue vue, 15 livres. Son parapluie lui coûtait 3 livres, 10 sols.

Parmi les objets mobiliers mentionnés dans les livres de compte de Jacques de Pomey, on remarque une table de quadrille, une table de jeu à 4 personnes chez Dupuy, ébéniste, une table de comète, 2 fauteuils à la Reine et en ras de Sicile, valant 73 livres, 5 sols, un coin de cheminée, une commode neuve avec dessus en marbre, 10 fauteuils en bois noyer, dont 4 à la Reine et 6 à la Capucine, faits par Claude Gautier, dit Parisien, menuisier de Lay, une tapisserie en toile cirée d'Allemagne verte et rouge à fleurs et de la toile de Saint-Rambert gros vert pour fauteuils. En 1752, M. Heurtevin, tapissier, contrepointier, travaillait pour lui, à 30 sols la journée, à raccommoder les lits de points de Hongrie de Rochefort.

Jacques de Pomey, comme tous les hommes de son temps, prisait et faisait grande consommation de tabac de Hollande qui lui revenait à 38 livres, 10 sols les 14 livres. Il avait grand soin de sa santé; il composait de l'eau de six graines et de l'élixir carminatif. Depuis le 1er septembre 1758, il portait un sachet anti-apoplectique du sieur Arnoux, demeurant à Paris, rue Quincampoix, lui coûtant 12 livres. Il usait du baume de vie du sieur Le Lièvre, apothicaire, distillateur du roi, rue de Seine, faubourg Saint-Germain, de l'essence de vie de sieur Jean Treffenscheidt, dans l'abbaye Saint-Germain-des-Prés, de séné gros, de cumin, de l'onguent excellent pour la brûlure de M. Fléchi, médecin, d'eau d'arquebusade, de pâte de guimauve, d'iroé ou purgatif rafraîchissant, de pastilles béchiques, de limonades, de l'onguent de Ricoux; de remèdes pour l'inflammation des yeux, du lapis mirabilis de Soleysel, de thériaque de Venise. Il portait des bas de castor, des bas et gants de vigogne. Il avait pour médecin à Lyon, M. Colomb, fils, auquel il paya le 19 avril 1755, 12 livres pour 8 visites; pour médecin à Roanne, M. Rostain, qui recevait, en 1753, 24 livres d'honoraires pour deux journées. Du 27 mai au 5 juillet 1753, Jacques de Pomey alla prendre les eaux de Bourbon-l'Archambault; il paya, le 4 avril 1760, à M. Vincent, chirurgien d'Amplepuis, 27 livres pour la maladie de sa fluxion.

En 1742, Jacques de Pomey acheta chez Goin, de Lyon, une chasuble pour sa chapelle de Rochefort, et, en 1746, une chasuble de damas blanc, garnie d'un galon d'or, du prix de 82 livres. En 1755, M. Fulconis, prêtre, était aumônier de Rochefort. Les RR. PP. capucins de Tarare s'engagent, en 1765, à dire des messes à la chapelle de Rochefort, à 30 sols l'une, ils cessent ce service, malgré leur promesse. MM. Gonon et Duguet disent la messe à Rochefort, les dimanches et fêtes, du 3 mars 1765 au 6 juillet 1766, et M. Gonon, du 13 juillet 1766 au 13 janvier 1767. Le 12 novembre 1769, Jacques de Pomey donne 24 livres à M. Gonon pour dire 48 messes, afin d'obtenir de Dieu les grâces nécessaires pour faire une bonne mort.

Jacques de Pomey était très charitable envers les pauvres; Mitton, boulanger à Amplepuis, fournissait du pain, en son nom, à beaucoup de nécessiteux de cette paroisse, auxquels le seigneur de Rochefort donnait, en outre, des justaucorps, culottes, gilets, chemises, jupes, corsets, etc.

Jacques de Pomey, n'ayant embrassé ni la carrière des armes, ni celle de la magistrature, s'occupait beaucoup de ses affaires particulières, surtout de celles de sa terre de Rochefort; il avait aussi bien des moments de loisir, il en profitait pour lire et augmenter la bibliothèque qu'il tenait de ses prédécesseurs; ses livres de compte contiennent l'énumération d'une grande quantité d'ouvrages qu'il acheta, qu'il annotait et sur lesquels il inscrivait leur prix d'acquisition. Tous les genres de livres l'intéressaient : Histoire, mémoires, vies, voyages, piété, sermons, morale, philosophie, religion, méditations, histoire naturelle, critique, questions du jour, mémoires pour et contre les Jésuites, cartes, plan du théâtre de la guerre, romans, fables, poésie, théâtre, contes, agriculture, jardinage, arboriculteur, vins et vigne, cuisine, jurisprudence, procès, médecine, dictionnaires. Il recevait *la Gazette de France, le Journal de Verdun, les Affiches de Lyon, la Gazette des Gazettes, la Gazette d'Avignon, le Courrier de Monaco, le Journal de Bouillon*. Les libraires qui avaient sa confiance à Lyon, étaient le sieur Plaignard, J.-B. Deville et le sieur Rosset. Voici les titres d'un grand nombre des principaux livres inscrits sur ses livres de compte. *Hommes illustres*, en 26 volumes; œuvres de Commines, 4 vol. ; *Histoire d'Angleterre*, par Rapin de Thoiras ; *Histoire romaine*, de Crévier, 16 vol. ;

Campagnes de Louis XV; Lettres de Mme de Sévigné; *Maréchal de Saxe; Vie de Mme de Maintenon; Histoire de Montmorency*, 5 vol.; *Eloge du Dauphin*, par M. Thomas; *Histoire des révolutions de Florence; Histoire ottomane; Histoire de France*, par Villaret et Garnier; *Histoire de François Ier*, 7 vol.; *Histoire de l'Eglise de Lyon; Histoire d'Henri IV*, 4 vol.; *Siècle de Louis XV; Lettres de l'Observateur hollandais; Histoire du Bas-Empire*, 16 vol.; *Histoire moderne*, 26 vol.; *Histoire générale*, de Voltaire; *Etat militaire pour 1763; Remarques sur l'Histoire générale*, par Voltaire; *Histoire moderne des Chinois; Histoire de Saladin; Vies des Pères du Désert; Vie de Quériolet; Histoire de la constitution Unigenitus*, par Mgr l'évêque de Sisteron; *Histoire philosophique et politique du commerce des Européens dans les Deux-Indes*, 6 vol.; *les Empereurs*, de Crévier, 4 vol.; *Siècle de Louis XIV; Testament politique du cardinal Alberoni; Voyage par mer et par terre*, 4 vol.; *Voyage de Bachaumont et Chapelle; Harmonie des psaumes; Religion révélée défendue; Introduction à la vie dévote; Morale évangélique; Sentiments d'une âme pénitente; Psautier de la Vierge; Méditations d'Abelli; l'Amour pénitent; Catéchisme historique*, de Fleury; *Traité de la vie chrétienne*, de Tracy; *Avent et Carême*, de Clément; *Concile de Trente; Traité des devoirs des gens du monde*, par Collet; *Instructions et prières pour les domestiques; Dictionnaire de botanique*, 5 vol.; *Mémoire pour servir à l'histoire naturelle dans le Lyonnais, le Forez et le Beaujolais; Histoire naturelle*, de M. de Buffon, 13 vol.; *Manuel de botanique; Mémoires pour et contre les Jésuites; Plan de Gênes; Carte du Dauphiné; Théâtre de la guerre d'Italie; Plan des environs de Paris; Théâtre françois ancien*, 12 vol.; *Fables* de La Fontaine; *Éricie ou la Vestale, drame; Histoire de l'opéra bouffon; Nuits*, d'Young; *Roman comique*, de Scarron; *Virgile*, de des Fontaines; Œuvres de Gresset; *Essai sur le vin*, par Maupin; *Cuisinière bourgeoise; Traité des fleurs; Traité des renoncules; Culture des pêchers; Dissertation sur les vins; Traité des droits seigneuriaux; Droits honorifiques; Code des chasses; Ordonnance du Roi sur les milices; Arrêt*, de M. de Lally; *Dictionnaire des fiefs; Edit pour les portions congrues; Traité du Gouvernement des paroisses; Mémoire pour M. d'Aiguillon; Mémoire pour M. de La Chalotais; Création des conseils supérieurs; Observations sur la noblesse et le tiers-état; Lettres sur la noblesse; Pensées*, de La Rochefoucault; *l'Esprit*, de Nicole; *Dictionnaire anti-philosophique; Les erreurs de Voltaire; Traité de l'usure et des intérêts; Traité du prêt; Nouvelle Héloïse; Esprit de*

Julie; Censure de la Faculté sur Emile; l'Oracle des nouveaux philosophes; Médecine rurale; l'Art de se guérir soi-même; Avis aux mères sur la petite vérole; Traité d'ondoltagie, d'Auzeby; *Médecine des chevaux; Préceptes de santé; l'Art de régler les montres et pendules; Dictionnaire portatif et géographique,* de M. Vosgien.

En 1751, Jacques de Pomey acheta chez Jasseaume, sellier à Lyon, une chaise à soufflet, peinte en bleu, doublée de moquette jaune, pour 550 livres et sa vieille chaise en retour; c'est sans doute le carrosse dont il se servit pour voyager jusqu'à la fin de ses jours. Quelques lignes sur sa cavalerie : il eut d'abord 4 chevaux et un mulet; en 1766, il n'a plus que 3 chevaux; en 1769, 2, après le mariage de son fils, et plus qu'un en 1770. Le 17 avril 1749, il vend à Coste, voiturier de Nérond, un cheval nommé le Commissaire, 63 livres. Le 1er mai 1753, il achète de M. de Sarron une jument, âgée de 9 ans, 171 livres. En 1757, il achète du sieur Thimonier, pour 240 livres, Cadet, cheval noir, de 4 ans et demi. La même année Sériziat lui vend 411 livres un cheval noir, de 4 pieds, 10 pouces, âgé de 5 ans, 3 mois, appelé Le Normand. Il achète à Châlon, le 29 juin 1760, un cheval pour le prix de 312 livres. En 1766, il vend 18 livres un cheval poussif à Truche, son maréchal. Le 8 octobre 1769, il achète, pour 171 livres, le poulain Combefort, qui a deux dents.

Jacques de Pomey devait passer la plus grande partie de son année à Rochefort; il ne s'en absentait guère que pour aller faire ses vendanges dans son vignoble de Moiré, près du Bois-d'Oingt, et passer un ou deux mois à Lyon, dans un appartement qu'il avait loué dans la rue Tramassac et où il arrivait généralement au mois d'avril. Quelquefois ses affaires l'amenaient aussi à Villefranche. Le 30 novembre 1745, il refaisait bail dans la maison de M. de la Martinière, rue Tramassac, paroisse Saint-Pierre-le-Vieux jusqu'à la Saint-Jean-Baptiste 1753, puis le 2 décembre 1745, il prolongeait ce bail jusqu'à la Saint-Jean-Baptiste 1759. Le 9 février 1765, il occupait toujours le même appartement. Le 5 avril 1750 et le 6 avril 1755, il présenta le pain bénit à Saint-Pierre-le-Vieux. Le 15 février 1770, son fils l'ayant prié d'être parrain de l'enfant dont sa femme est enceinte, il donne à celle-ci, pour le lange, 12 louis d'or valant 288 livres, puis le 26 avril de la même année il paye les coffrets de bonbons du baptême dudit enfant. Les coquetiers d'Amplepuis et des Sauvages, qui allaient à Lyon, faisaient ses commissions, soit qu'il fût en cette ville, soit qu'il se trouvât à Rochefort.

Jacques de Pomey faisait quelquefois des emplettes de fusils. En 1749, il en fit faire 3 à Saint-Etienne, chez Pierre Morel; le premier, qui était double, coûta 51 livres, 4 sols; le second, qui était simple et était destiné à Beaujolais, un de ses domestiques, du prix de 19 livres, 4 sols, creva au troisième coup; le troisième, fusil double de luxe, valait 75 livres. Il avait, en 1751, un chasseur nommé Claude-Marie Déhal, de la paroisse de Thel, qui reçut pour gages, du 8 août à Noël, 36 livres et une paire de souliers.

Jacques de Pomey ne négligeait pas ses jardins d'agrément, fruitier et potager. Le 20 novembre 1752, il reçut du R. P. Dom de l'Espinasse, prieur de Salettes, les variétés d'œillets suivantes : Grand Alexandre, petite piété céleste, piété royal, Sémiramis, bizarre La Tour, violet héroïque, bizarre Maréchal, l'Altesse, violet magnifique, la grande-duchesse, feu d'Anglure, piété Saint-Michel, belle flamande. Il fit venir, en 1755, de la Chartreuse de Ripaille, des graines de suissards, œillets de la Chine, immortelles de Chypre, balsamines doubles, quarantins violets, balsamines ordinaires, amaranthes couleur foncée et couleur claire, œillets panachés, amaranthes couleur de feu, violliers quarantins de Roëne. En 1769, il acheta des jasmins d'Espagne et des oignons de tubéreuses; en 1770, des narcisses de Constantinople et des jacinthes de Hollande. En 1747, on lui expédie des pommiers et poiriers nains et des laitues roulettes. Burel, jardinier de la Croix-Rousse, lui envoie, en 1756, des poiriers à la Reine, des poiriers perle, des poiriers à deux yeux, des poiriers Louise-Bonne, le tout mi-vent et des pommiers nains calville blanc. Il fait venir, en 1760, des pruniers impérial, pruniers d'abricotée, pruniers de royale, pommiers calville rouge, des poiriers Saint-Germain et des pommiers reinettes. En 1762, il achète des poiriers Martin Sec et Messire Jean, à mi-vent; en 1769, de la graine de choux de Briançon.

Jacques de Pomey épousa, le 23 novembre 1718, Marie-Charlotte de Villeneufve, demoiselle, fille d'Alexandre de Villeneufve, chevalier, baron de Joux, seigneur d'Affoux, Saint-Marcel et Lange et de dame Marie-Nicole Le Boucher de Beauregard ; la bénédiction nuptiale leur fut donnée dans la chapelle domestique de M. de Villeneufve dans son fief de Saint-Trivier, à Irigny. Le 1er décembre suivant, leur contrat de mariage, fut lu au château de Rochefort, en présence de François de Chambaud de Bavas, de Jean-Joseph de Villeneufve et de Gaspard Dumay, tapissier, natif de Paris, demeurant à Rochefort; M. et Mme de Villeneufve remirent à leur fille, à compte de sa dot, la terre et seigneurie de Lange, en Nivernais. Marie-Charlotte de Villeneufve testa, le 15 mai 1733, au château de Rochefort, sa résidence ordinaire; elle élit sa sépulture dans l'église des Sauvages au tombeau des seigneurs dudit lieu; elle y demande 30 messes des morts et 20 dans la chapelle de Rochefort; donne un ornement de velours noir et une chasuble de satin blanc à l'église des Sauvages; lègue 60 livres à sa fille de chambre; ce testament fut fait en présence de messire Jacques-Joseph Bérard, prêtre du diocèse de Turin, demeurant à Rochefort. Le 22 mai suivant, M. de Conte, curé d'Amplepuis, donna à M. de Pomey, seigneur de Rochefort, la permission de faire inhumer dame Marie-Charlotte de Villeneufve, sa femme, dans le tombeau des ancêtres dudit seigneur de Rochefort étant dans l'église des Sauvages, ladite dame de Villeneufve ayant reçu dudit curé ses sacrements, à la réserve du Saint Viatique qu'elle n'avait pu recevoir. De ce mariage naquirent :

1° Paule, née le 25 novembre 1719 et baptisée le même jour dans l'église d'Amplepuis; elle eut pour parrain et marraine messire Alexandre de Villeneufve, chevalier, baron de Joux, seigneur de Lange, et dame Paule de Chambaud de Bavas. N'ayant pas de goût pour le mariage, elle resta auprès de son père; il fut question un moment de l'installer à Moiré, dans l'habitation que son père y possédait, mais elle se décida à rester à Rochefort où on lui disposa, au deuxième étage, une chambre qu'on appelle encore chambre de Mlle de Pomey. Le 8 avril 1746, son père lui donna pour femme de chambre Claudine Varinard; la même année elle reçut de lui un manteau garni en or; en 1747, un collier de grenat; en 1748, un éventail. En 1749, son père acheta 14 aunes de damas des Indes, moyennant 152 livres, pour lui faire robe et jupon. En 1751, il lui fait cadeau d'une montre d'or valant 288 livres; en 1754, d'un bougeoir d'argent acheté 42 livres. Selon la mode de l'époque où elle vivait, elle faisait usage du tabac à priser; en 1756, elle reçoit de son père deux bâtons de tabac pesant 8 livres et demie, qui lui durent environ 14 mois. En 1760, son père lui donne 6 couverts d'argent qu'il a payés 378 livres. Le 27 juillet 1764, il l'émancipe par devant noble Fleury Choulier, avocat en parlement et au bailliage de Beaujolais, juge civil et criminel de Rochefort et les Sauvages, dans la chambre des audiences, au bourg des Sauvages; Paule de Pomey pourra traiter de ses affaires, comme chef de famille, mais non se marier, sans l'autorisation de son père. En 1768, à l'occasion du mariage de son fils, Jean-Joseph-Luc, Jacques de Pomey paye à M. le marquis de L'Aubépin le compte des robes qu'il a eu la bonté d'envoyer pour ses filles Paule et Marie-Nicole, montant à 288 livres pour chacune. Paule de Pomey mourut, le 15 avril 1791, à l'âge de 59 ans, au château de la baronnie de Joux; elle fut enterrée le lendemain dans le tombeau de ladite baronnie, en présence de Jean-Joseph-Luc de Pomey, son frère, et d'Alexandre-Paul Talebard, écuyer. Elle s'était sans doute retirée, après la mort de son père, auprès de la comtesse de Villeneufve, sa sœur;

2° Marie-Nicole, ondoyée le 17 juin 1721 et baptisée dans la chapelle de Rochefort, le 30 juillet suivant, filleule de M. François de Chambaud de Bavas, écuyer, et de dame Marie-Nicole de Villeneufve de Beauregard. Le 5 juin 1744, le pape Benoît XIV lui accorda dispense pour son mariage avec son oncle, haut et puissant seigneur, messire Jean-Joseph, comte de Villeneufve, baron de Joux, seigneur d'Affoux, Saint-Marcel et Lange. Le 28 juin 1745, ce bref fut rendu public. Le 3 juillet suivant leur contrat de mariage fut passé à Rochefort, en présence de David Tricand, écuyer, seigneur de la Goutte, messire Jean de Sacconins de Pravieulx, chevalier, seigneur de Montolivet, demeurant à Chirassimont, Claude Simonet, notaire royal, châtelain de Rochefort et les Sauvages, demeurant à Tarare. Le 4 juillet, leurs promesses de mariage furent publiées et le surlendemain la bénédiction nuptiale leur fut donnée dans la chapelle de Rochefort par M. Bissuel, curé d'Amplepuis, en présence de messire David Tricand de la Goutte, gendarme de la garde, d'Amplepuis, de Claude Simonet, notaire royal, demeurant à Tarare, et de messire Jean-Baptiste Fulconis, prêtre et prébendier, demeurant à Rochefort. Le 29 novembre 1793, elle testa au château de Joux; elle donna aux pauvres de Joux une pension annuelle de 600 livres; à ceux de Saint-Marcel, une de 200; à ceux d'Affoux, une de 300; à ceux des Sauvages qui étaient et seront dans les maisons relevant de la ci-devant directe de Joux, une de 100 livres; elle donne à ces communes son contrat de rente de 1.200 livres que lui doit l'Hôpital de Lyon; à Claudine Poupon, sa fille de compagnie, une pension viagère de 150 livres; à Marie Mitton, sa fille de chambre, une de 300 livres; à Catherine Balmont et Jean Truchy, infirmes, à chacun, une de 100 livres; à Jeanne-Thérèse-Françoise de Pomey, sa nièce, son domaine du Tiers; à Louise-Gabrielle de Pomey, sa nièce, son domaine d'Auxerre; elle institue héritier universel son frère, Jean-Joseph-Luc de Pomey. Elle mourut au château de Joux, le 16 janvier 1794, à 10 heures du soir. Jean-Joseph de Villeneufve, son mari, avait testé en sa faveur, le 17 septembre 1745, avait élu sa sépulture dans l'église de Joux, au tombeau de ses ancêtres, sous le maître-autel et était mort le 13 septembre 1766, sans postérité;

3° Jean-Joseph-Luc, qui suit.

XI. Jean-Joseph-Luc de POMEY, chevalier, seigneur de Rochefort, les Sauvages et Montchervet, naquit au château de Rochefort, le 9 janvier 1732, sur les 11 heures du soir, et fut ondoyé le même jour dans la chapelle. Les cérémonies de son baptême furent faites dans la même chapelle, le 25 juillet 1732, par M. Philippe Bigot, curé des Sauvages; ses parrain et marraine furent Jean-Joseph de Villeneufve, chevalier, baron de Joux, seigneur de Lange, et dame Lucrèce de Foudras, femme de M. de Villeneufve; l'acte fut signé des noms suivants : de Pomey de Rochefort; de Villeneufve; Paule de Chambaud de Bavas; le chanoine Claret; de Montdor; Bissuel de Thizy; Paule de Pomey; Marthe de Ferrus; Jeanne de Sienne; de Mogier; veuve Tallebard; Sargnon, curé, Tricand de la Goutte. Le 28 octobre 1745, Jean-Joseph-Luc rentre en pension à Lyon, chez M. Mariny, prêtre, à 320 livres par année; il a pour maître de danse le sieur des Bretonnes et il prend des leçons de basse de viole. Le

28 novembre 1746, il y retourne de nouveau et il y rentre encore le 4 décembre 1747. Le 22 avril 1748, il commence à apprendre à faire des armes chez M. Charpentier. Le 31 juillet de cette année il sort de chez M. Mariny. Le 2 janvier 1749, il entre à l'Académie de M. Bourgelat ; le 8 avril, il a pour maître à écrire le sieur du Soleil, à 6 livres par mois de 20 leçons ; le 20 juillet, il sort de l'Académie de M. Bourgelat. Il avait une chambre au Pommier de la Sphère, moyennant 33 livres, pour 6 mois échus à la Saint-Jean-Baptiste. Le 7 septembre 1750, il continuait à aller à l'Académie de M. Bourgelat et son père lui achetait, le 24 du même mois, de du Bessy, un cheval noir, de 4 ans et demi pour le prix de 150 livres. A la même époque son père lui achetait un manchon valant 15 livres ; en 1752, il lui donnait un cachet. Jean-Joseph-Luc entra au service militaire de France en 1751, en qualité de volontaire au régiment d'Eu-infanterie et fut nommé sous-lieutenant au même régiment en 1752. Le 15 avril de cette année, il part de Rochefort pour son régiment, son père lui donne 1.000 francs de pension par an et 120 pour son voyage. En décembre il est à Dunkerque. Il arrive de son régiment à Rochefort le 18 septembre 1753. Il est nommé lieutenant en 1754. Il fait une maladie, et son père paye, le 18 mars 1754, à M. Vincent, chirurgien, 39 livres pour 24 voyages et 2 médecines. Au mois de janvier 1756, il est en garnison à Condé ; le 4 février suivant, son père paye l'engagement et la route d'un soldat qu'il a recruté ; le 27 février, il achète de M. Boujot, 222 livres, un mulet pour l'équipage de Jean-Joseph-Luc, qui est le 25 mars à Constance et le 8 novembre à Metz. En 1759, il est nommé capitaine. Lors de la guerre commencée en 1756 et finie à la fin de 1762, il fait en Allemagne, avec son régiment les campagnes de 1757, 1758 et partie de 1759, il est dans toutes les affaires où le régiment donne, entre autres à la bataille d'Ostimbec, où son régiment eut beaucoup d'officiers et de soldats tués et blessés. Il passe le reste de cette guerre, avec son régiment, sur les côtes maritimes de France, de Normandie, Bretagne, Poitou, à la Rochelle et à l'île d'Oléron. Au mois de janvier et février 1760, il fait trois recrues à Amplepuis et repart pour son régiment. En 1763, il lui est accordé sur le trésor royal une pension de 300 livres, par année, augmentée, quelques années après, de 54 livres par an. En mars 1766, il tombe malade et est soigné par M. Vincent, qui lui fait trois visites, le saigne et lui ordonne divers

remèdes. Il donne sa démission en 1768. Le 12 mai 1767, il avait vendu, avec ses sœurs, à Pierre Blanc, bourgeois de Lyon, une maison située en cette ville, rue Tavernay ou des Prêtres, venant de la succession d'Alexandre de Villeneufve, leur aïeul. Jean-Joseph-Luc de Pomey avait un appartement à Lyon, où il faisait une assez longue résidence chaque année; du 15 avril 1775 à 1794, il habita au deuxième étage de l'hôtel de Laval, rue de la Charité; il demeura ensuite dans la maison de Jacques-Claude Rambaud, rue Saint-Joseph. Le 24 juin 1797, il loua un appartement dans la maison de Labussière, rue de l'Arsenal; c'est là qu'il mourut. Il fit à Rochefort, le 10 septembre 1790, un testament par lequel il demande à être enterré aux Sauvages, s'il meurt à Rochefort, prie sa femme de ne pas laisser ses enfants embrasser l'état monastique avant l'âge de 25 ans, estime sa fortune à 223.000 livres en contrats de rente, argent ou dettes actives, 18.000 en mobilier et 300.000 en immeubles; il était alors dans un état de santé assez précaire et il avait recours à divers médecins de Lyon, entre autres au docteur Bouchet. Il était absent de Lyon au moment du siège de 1793 et y perdit, par l'incendie ou autrement, presque tous ses papiers et titres. Le 16 frimaire an II, il était à Chaponost, chez M. Pomard, ancien notaire royal. Dans une lettre du 20 thermidor an II (1794), il expose qu'il habite Etables, district du Mézenc, Ardèche (chez sa fille aînée, Mme des Cots), que le séquestre a été mis sur tous ses biens; longtemps avant le siège de Lyon, il alla à Joux auprès de sa sœur malade, qu'il quitta peu de temps avant sa mort; il avait reçu des certificats de résidence à Lyon et à Joux; il avait quitté Rochefort dans les premiers jours de la Révolution, pour aller à Lyon soigner une maladie très grave qui compromettait sérieusement sa santé, et se rapprocher des secours des gens de l'art. Dans un certificat de non-émigration de 1797, il a le signalement suivant : taille 5 pieds, 2 pouces, visage long et gros, front grand, nez aquilin, bouche grande, menton long, yeux gris bleu, cheveux et sourcils châtains grisaillés. Le 24 ventôse an VIII, Jean-Joseph-Luc de Pomey, demeurant à Lyon, rue de l'Arsenal, 23, maison de la Bussière, fit son testament; il fait des legs à sa femme de chambre, à sa cuisinière, à Jean Goutallier, son homme d'affaires de Rochefort. Il mourut le lendemain à midi. Il avait épousé, par contrat du 11, à Ainay le 22 avril 1768, en présence de messire Jean-François de Fournillon de Buttery, ancien capitaine au régiment royal des vaisseaux, seigneur de Buttery, et de messire Jean-Jérôme Giraud de Montbellet de Saint-Trys, chevalier, seigneur de Montbellet, CLAUDINE-SULPICE DE FERRUS, demoiselle, fille de messire Barthélemy de Ferrus, chevalier, seigneur de Cucurieux, et de feu dame Elisabeth Giraud de Montbellet, demeurant à Lyon, place de Louis-le-Grand, paroisse de Saint-Martin-d'Ainay, laquelle naquit le 14, fut baptisée à Saint-Pierre-le-Vieux de Lyon le 16 mai 1747 et était filleule de Georges Giraud de Montbellet et de Claudine Bottu de Saint-Fonds, épouse de Barthélemy de Ferrus, son grand-père. A l'occasion de son mariage, Jean-Joseph-Luc reçut de Paris une lettre signée : Bonne Guise (signature sans doute du lieutenant-colonel du régiment d'Eu), dont voici le texte : « J'ai reçu, Monsieur, la lettre que vous me faites l'honneur de m'écrire au sujet de votre établissement, je ne doute pas qu'il soit agréable à monseigneur le comte d'Eu, je me charge avec plaisir de le lui faire agréer; ainsi vous pouvez aller en avant. Je vous désire dans cette occasion toute la satisfaction que vous pouvez désirer et que vous ne doutiez jamais du vif intérêt que je prends à ce qui vous regarde. » Claudine-Sulpice de Ferrus fit un codicille, le 23 mars 1798, par lequel elle laissa 300 francs à sa cuisinière et 200 à sa fille de chambre; elle reçut un certificat de non-émigration le 25 ventose an VI, demeurant à Lyon, rue de l'Arsenal, 23; elle avait 5 pieds, cheveux, sourcils et yeux noirs, nez épaté, bouche moyenne, menton rond, front découvert, visage ovale coloré; elle mourut le 4 germinal an VI, à 4 heures du soir. Du mariage de Jean-Joseph-Luc de Pomey avec Claudine-Sulpice de Ferrus naquirent :

1° Marie-Françoise, née le 26, baptisée à Saint-Pierre-le-Vieux de Lyon, le 27 avril 1770, filleule de Jacques de Pomey et de Marie-Françoise Durret, veuve de Georges Giraud de Montbellet, sa bisaïeule maternelle; présence de : de Ferrus; de Montbellet; de Palerne-Ferrus; de Prohengues-Ferrus; de Montbellet; de Ferrus, fils. Du mois de décembre 1781 au 29 mars 1786, elle fut en pension à Lyon chez les Religieuses du monastère de Sainte-Elisabeth sur la balme Saint-Clair, où elle était appelée Mlle de Pomey, étudiait la grammaire, la géographie et le forté-piano; elle y avait une chambre avec sa sœur Marie-Nicole. Par contrat passé à Joux le

9 août 1791, elle épousa messire Pierre-Antoine Robert des Cots, ancien lieutenant au régiment de la couronne, fils de feu Jean-Antoine Robert des Cots, ancien gendarme, et de dame Louise-Magdeleine Vercasson, résidant en leur maison, au lieu des Cots, paroisse d'Etables, Ardèche, district du Mézenc, en présence de Pierre-André Robert des Cots, chevalier de Saint-Louis, ancien garde du corps du Roi, habitant à Chifflet, paroisse de Saint-Jeure, Ardèche, oncle du futur. Le 30 août suivant ils reçurent la bénédiction nuptiale dans l'église d'Etables. Elle mourut aux Cots, le 6 février 1848 et fut inhumée le lendemain à Etables ; elle était la Providence des pauvres de cette paroisse. Son mari mourut, à 71 ans environ, et fut enterré, le 3 décembre 1832, sous le marchepied de la croix du cimetière d'Etables, avec un grand concours de peuple ; c'était un homme d'une rare vertu, charitable, chrétien exemplaire, ayant donné abondamment pour l'ornement de l'église de sa paroisse et ayant fait don d'une maison pour l'école des Sœurs ;

2° Marie-Nicole, née le 31 octobre, baptisée dans la chapelle de Rochefort le 22 novembre 1771, par M. Girard, curé d'Amplepuis, filleule de messire Barthélemy de Ferrus, chevalier, son grand-père, seigneur de Cucurieux, et de Mme Marie-Nicole de Pomey de Rochefort, baronne de Joux, sa tante, veuve de messire Jean-Joseph de Villeneufve, baron de Joux ; présence de messire Jacques de Pomey, écuyer, résidant à Rochefort, et de messire François Gonon, prêtre, prébendier à Amplepuis ; de Palerne de Ferrus ; de Ferrus, fils. Elle fut en pension chez les Religieuses de Sainte-Elisabeth de la balme Saint-Clair, à Lyon, sous le nom de Mademoiselle de Rochefort, du mois de décembre 1781 au 29 mars 1787. Par contrat du 15 mars 1792 passé à Lyon, rue de la Charité, paroisse Saint-Martin-d'Ainay, elle épousa messire Alexandre-Henri Blachier du Rouchet de Chazotte, ancien garde du corps de Son Altesse Royale Monsieur le comte de Provence, habitant à Arlebosc, district du Mézenc, département de l'Ardèche, fils de défunt messire Jean de Chazotte et de demoiselle Marie-Magdeleine-Henri de Carrière, en présence de M. Clément Blachier du Rouchet, docteur en théologie, curé d'Arlebosc, oncle du futur; de Palerne de Ferrus; de Pomey; de Ferrus de Pomey; de Montbellet d'Argil; de Montbellet; de Saint-Try; de Fournillon-Ferrus; Ferrus de Vendranges; Dauphin de Verna, Trocu de la Croze; de Rochefort; de Prohengues de Ferrus; Blachier de Carrière, officier de cavalerie. Le 14 vendémiaire an X, les maire et adjoint de la commune d'Arlebosc délivrèrent à Marie-Nicole de Pomey un certificat de résidence en France sans interruption depuis le 1er mai 1792; elle n'avait jamais été comprise sur aucune liste d'émigrés, elle n'avait jamais été détenue pour cause de suspicion ou de contre-révolution; elle mourut à Duclaux, commune d'Arlebosc, le 23 mars 1838, et son mari au même lieu, le 26 décembre 1842, à la fin de sa 77e année (v. note 3);

3° Paule-Alexandre, née le 25 octobre 1772, baptisée le lendemain en l'église d'Amplepuis, filleule de messire Alexandre-Paul Tallebard, secrétaire du Roi en la chancellerie de Dauphiné, et de demoiselle Paule de Pomey; le 1er septembre 1774 elle fut inhumée dans l'église de Fourneaux;

4° Jean, qui suit;

5° Barthélemy-Hugues-Marie, né le 27 avril 1775, baptisé le lendemain à Saint-Pierre-le-Vieux, filleul de Barthélemy-Hugues de Ferrus, chevalier, chevau-léger de la Garde du Roi, représenté par Barthélemy de Ferrus, et de dame Marie Giraud de Montbellet, veuve de messire Jean-François de Fournillon; il mourut en bas-âge;

6° Françoise-Thérèse, née le 18 novembre 1776, baptisée le lendemain dans l'église d'Amplepuis, par M. Girard, curé, filleule de Jean-Baptiste de la Pimpie de Granoux, chevalier, représenté par messire Louis-Marie Tricand de la Goutte, et de dame Françoise-Thérèse de Montbellet de Granoux, représentée par demoiselle Paule de Pomey. Elle mourut en 1807 ou 1808 et elle épousa Thomas-Jacques de Cotton, fils de messire Martial-Paul-Claude de Cotton, chevalier, et de dame Marie de Vincent de Panette; né le 19, baptisé le 20 juin 1766, il était filleul de messire Thomas Penet de Monterno, chevalier, comte du Châtelard, représenté par messire Charles d'Escorches de Sainte-Croix, chevalier de Saint-Louis, et de dame Marie Aubret, veuve de messire Garnier, avocat au Parlement de Dombes, représentée par dame Jacqueline de Messimy, épouse de messire Jean-Baptiste Bénissain, ancien officier; il servit onze ou douze ans dans la marine, avant la Révolution, reçut une blessure très grave au combat du Détroit, sur le vaisseau le Dictateur, et pour récompense fut nommé enseigne de vaisseau le 18 janvier 1784; le 30 décembre 1785, il était sous-brigadier de la compagnie des Gardes du Pavillon du détachement de Toulon; lieutenant de vaisseau le 1er mai 1786. Il fit la campagne de 1792, à l'armée des Princes, en Champagne; de 1800 à 1814, il fut dans l'administration des Hôpitaux de Lyon, au Conseil général du département du Rhône, fut placé à la tête de ce département, au moment de la Restauration et y rendit quelques services. Le 18 août 1814, il fut nommé chevalier de Saint-Louis; en 1816 et 1817, député du Rhône; le 21 février 1817, préfet de Vaucluse, à cause de la sagesse de ses opinions à la Chambre des députés, son dévouement à la personne du Roi et son zèle pour les intérêts de la patrie; le 26 avril 1821, il fut invité comme député du Rhône à la cérémonie de baptême de Monseigneur le duc de Bordeaux fixée au 1er mai; chevalier de la Légion d'honneur le 1er mai 1821; capitaine de vaisseau honoraire le 16 décembre 1821; préfet de la Drôme le 2 janvier 1823; il mourut le 5 mars 1841 (v. note 4);

7° Jeanne-Louise-Gabrielle, née le 19, baptisée le 20 décembre 1779, dans l'église d'Amplepuis par M. Girard, curé, filleule de Louis Trocu de la Croze, chevalier, marquis de Saint-Rambert, seigneur d'Argil et autres lieux, et de dame Jeanne-Louise-Gabrielle Giraud de Montbellet, veuve de messire d'Argil, représentés par Antoine Guillon et Magdelaine Tardy, domestiques à Rochefort; elle mourut à Lyon le 4 mai 1868 et avait épousé, en 1803, Antoine-Marie Barthelot, marquis d'Ozenay, mousquetaire de la Reine, émigré à l'armée de Condé, né le 4 avril 1771, mort le 4 décembre 1841, fils de Philibert-Eléonore Barthelot, seigneur d'Ozenay, des Ecuyers et Vernus, lieutenant au régiment des Dragons de l'Hôpital et lieutenant des maréchaux de France pour le Mâconnais, et de Geneviève de la Roue de Milly (v. note 5);

8° Jean-Marie-Octave, né le 17, baptisé à Amplepuis le 18 novembre 1785, filleul de Jean, son frère, représenté par messire Jean Richard, vicaire des Sauvages, aumônier du château de Rochefort. et de demoiselle Marie-Octavie de Montbellet, représentée par demoiselle Françoise-Thérèse de Pomey, sœur de l'enfant.

XII. Jean de POMEY de ROCHEFORT, né le 18, baptisé le 19 février 1774, à Amplepuis, par M. Girard, curé, eut pour parrain et marraine messire Jean Giraud de Saint-Trys, chevalier, seigneur de Montbellet, et dame Marie-Lucie de Palerne, femme de M. de Ferrus, représentés par messire Louis Tricand de la Goutte, commissaire ordinaire des guerres, et demoiselle Paule de Pomey. De 1785 à 1787, il fut en pension à Lyon, sans doute au collège des Oratoriens. Le 28 septembre 1788, il fut inoculé avec succès par M. O'Ryan, docteur médecin, professeur agrégé au collège de médecine de Lyon, médecin du grand Hôtel-Dieu. Il servit dans les chasseurs de Précy, pendant le siège de Lyon, en 1793; n'ayant pu sortir de cette ville avec ce général, il fut réduit à se cacher dans une cave, où une vieille domestique de sa famille lui apportait à manger. Celle-ci l'aida à se sauver; il sortit de Lyon, habillé en femme, à cheval et tricotant un bas, alla à l'Arbresle, se cacha trois jours dans les bois. Quelque temps après il s'engagea, sous un faux nom, dans les armées de la République, où il servit quelque temps au 13e hussards, puis ayant réussi à se faire délivrer un certificat de libération de service, il revint à Rochefort. Le 12 octobre 1814, le duc d'Aumont, premier gentilhomme de la Chambre du Roi, lui annonça de Paris que le Roi avait daigné lui accorder la fleur de lys; le 27 du même mois, avec l'autorisation de Son Altesse Royale Monsieur frère du Roi, il reçut du comte de Précy, commandant en chef de la Garde Nationale de Lyon, le droit de porter cette décoration avec le ruban liseré amaranthe. Le Roi le nomma, le 17 février 1816, aux fonctions de membre du Conseil général du département du Rhône; il fut longtemps maire d'Amplepuis et mourut le 2 février 1852. Il avait épousé, par contrat de mariage passé à Couches et à l'Hôpital-le-Mercier les 20 fructidor an X et 28 vendémiaire an XI, JEANNE-MARIE-EUGÉNIE DE MUSY, morte le 23 juillet 1844, à 62 ans, fille de François-Louis de Musy de Vauzelles, habitant à Saint-Bonnet-des-Bruyères, arrondissement de Villefranche, et de Marie-Gabrielle de Certaines. Le mariage civil fut fait audit Saint-Bonnet le 27 fructidor an X. Furent présents au contrat : Antoine-Marie Barthelot d'Ozenay et dame Louise-Gabrielle de Pomey, son épouse; demoiselles Constance, Joséphine et Jeanne de Musy, sœurs germaines de l'épouse; Charles de Truchy, demeurant au Molle, son cousin du 2 au 3, du côté paternel; Blaise de Florin, demeurant à Couches, et madame Antoinette-Françoise de Montagu, son épouse, sa cousine germaine; mesdemoiselles Lazarette et Jeanne de Montagu, ses cousines germaines, du côté paternel; madame Claudine-Françoise de Certaines et Madame Anne-Françoise de Certaines, épouse de Charles de Maillé de la Tour-Landry, ses tantes germaines; Pierre-Constant de Certaines, son oncle germain, tous demeurant à Villemolin, commune d'Anthien, Nièvre, du côté maternel; Pierre-Nicolas de Florin, demeurant à Montpatey de Couches, Blaise de Florin, demeurant à Luzy, et Bernard de Florin, demeurant à Châlon-sur-Saône. De ce mariage naquirent :

1° Théobald, né à Lyon, rue Saint-Joseph, le 17 août 1803, mort en juin 1822;

2° Albine, née à Lyon le 8 mai 1805, filleule de M. de Granoux et de Madame de Musy; elle mourut à Villon, Saint-Cyr-de-Favières, le 7 octobre 1847, et avait épousé, le 14 octobre 1828, Albert Chappet de Vangel, né à Anglefort, Ain, le 19 août 1794, conseiller à la Cour d'appel de Lyon, démissionnaire en 1830, mort à Villon le 28 novembre 1875, fils d'Alexandre Chappet de Vangel, officier de cavalerie, garde du corps du Roi avant 1789, chevalier de Saint-Louis, et de Pierrette-Antoinette Rougnard (v. note 6);

3° Hortense, née le 29 janvier 1807, filleule de M. de la Rochette et de Madame Robert des Cots ; elle fut religieuse ursuline au couvent de Saint-Irénée de Lyon, où elle prit l'habit le 26 mai 1830 et mourut le 28 novembre 1871 ;

4° Octavie, née le 8 septembre 1808, filleule de M. de Certaines et de Mademoiselle de Montbellet ; elle fut religieuse au même couvent, où elle entra en 1834 et mourut le 19 août 1853 ;

5° Hippolyte, qui suit ;

6° Eugénie, née la 8 septembre 1812, filleule de Charles de Musy et de Mme de Vendranges ; elle mourut le 23 du même mois ;

7° Eugénie, née le 16 mars 1814, filleule de Camille de Bassignac et de Mme de Chazotte ; elle fut chanoinesse de Sainte-Anne de Bavière et mourut au château de Rochefort, le 2 septembre 1881, vénérée et regrettée de sa famille, des pauvres et de tous ceux qui la connaissaient ;

8° Marie-Alexandre-Théobald-Hilaire, né le 19 mars 1816, filleul de M. de Chazotte et de Mme Dulieu ; il mourut en bas-âge ;

9° Ludovic, né le 29 juillet 1818, filleul de Charles de Musy et de Mme de Certaines et mort le 5 juin 1890 ; il avait épousé, le 19 mars 1843, Marie Sablon du Corail, morte le 11 avril 1895, fille de Pierre Sablon du Corail et d'Henriette du Jouhannel de Jenzat, dont :

a. Clotilde, née le 23 avril 1844, mariée le 15 mai 1865, à Henri Falcon de Longevialle, fils de Victor Falcon de Longevialle et de Caroline de Pluviers-Saint-Michel (v. note 7) ;

b. Henri, né le 9 août 1846, mort le 22 juin 1888 ;

c. Caroline, née le 10 février 1849, mariée le 16 avril 1872, à Charles

Légier, baron de Montfort-Malijay, fils d'Oswald Légier, baron de Montfort-Malijay, et de Clotilde de Prunelle (v. note 8);

d. Louise, née le 27 janvier 1851, mariée le 7 juillet 1874, à Henri Girard de Chasteauneuf de la Bâtisse, mort à Riom, à 29 ans, le 24 avril 1879, fils de Jules Girard de Chasteauneuf de la Bâtisse et de Clotilde Rancilhac de Chazelles (v. note 9).

XIII. Hippolyte de POMEY de ROCHEFORT, né le 10 octobre 1810, filleul de M. Robert des Cots et de Mme de Maillé, mourut à Rochefort le 10 février 1887; il avait épousé, par contrat du 30 avril 1835, Pauline RAVEL de MALVAL, morte à Lyon, à 52 ans, le 2 avril 1870, fille d'Auguste Ravel de Malval et de Claire-Joséphine Baboin de la Barollière, d'où sont venus, entre autres enfants;

1° Joseph, né et mort le 30 mai 1836.

2° Joséphine, née en juin 1839, morte à 2 ou 3 mois;

3° Octavie, née en juillet 1840 et morte en 1844;

4° Adèle, née le 6 avril 1844, morte à Rochefort le 2 septembre 1876, mariée à Lyon, le 21 avril 1866, à Paul de Rivérieulx de Varax, fils de Gabriel de Rivérieulx de Varax et de Félicie de La Croix-Laval (v. note 10);

5° Marguerite, née le 28 mai 1846, mariée, à Chambilly, le 26 juin 1867, à Régis de Rivérieulx de Varax, frère de Paul (v. note 11);

6° Gabrielle, née le 18 octobre 1848, mariée, à Lyon, le 24 avril 1872, à Louis de Fraix de Figon, fils de Louis-Adolphe de Fraix de Figon et de Marguerite-Eugénie Neyrand (v. note 12);

7° Eugénie, née le 18 juin 1855, morte à Plantigny le 18 avril 1883, mariée, à Lyon, le 16 juin 1875, à Louis de Cotton, lieutenant au 13e bataillon de chasseurs à pied, fils d'Eusèbe de Cotton et d'Anna Bottu de Limas ;

8° Hugues, né le 17 et mort le 20 novembre 1858.

Branche dite du Mont.

VI. PIERRE DE POMEY DU MONT eut de JACQUEMETTE DE BERCHOUZ :

1° Pierre, qui suit ;

2° Jean, baptisé à Amplepuis le 27 janvier 1593, filleul de Jean Berchou, du Mont, et de Jeanne de Pierrefeu ; le 3 mars 1621, il est qualifié prêtre d'Amplepuis ; dès 1626, il était curé de Saint-Symphorien-de-Lay et l'était encore en 1638 ;

3° Jacqueline, baptisée à Amplepuis le 18 avril 1582, filleule de Georges du Chizallet, de Jacqueline, fille de feu Jean de Berchoz et de Claudine, fille de feu Philibert de Pomey ;

4° Antoine, baptisé à Amplepuis le 28 juillet 1585, filleul d'Antoine de Pomey et de Françoise, femme de Briand de Pomey ;

5° Marie, baptisée à Amplepuis le 9 octobre 1588, filleule de Pierre, fils de Jean de Berchoz, du Mont, et de Marie, fille de Briand de Pomey ;

6° Claudine, mariée, par contrat du 26 avril 1605, à Antoine Foillet-Joasson, habitant de la paroisse d'Amplepuis, fils d'Eddoard Foillet-Joasson, habitant de ladite paroisse. Antoine Foillet possédait à Amplepuis le domaine de Joasson ;

7° Philibert de Pomey, dit Thivart, propriétaire à Amplepuis du domaine du Bost ou Thivard, appelé aujourd'hui chez Canard ;

il épousa Pernette Pasquier, fille de Charles Pasquier, laquelle se remaria avec Antoine Rossillon, habitant de Saint-Symphorien-de-Lay ; il en eut :

a. André ;

b. Benoît, baptisé à Amplepuis le 17 septembre 1608, filleul de noble Benoît de Pomey, trésorier de France en la généralité de Lyon, seigneur de Rochefort et les Saulvaiges.

VII. Pierre de POMEY du MONT, mort dès 1627, épousa Andrée PASQUIER, dont :

1° Catherine, baptisée à Amplepuis le 8 février 1610, filleule d'Antoine Foillet-Joasson et de Catherine Perreton ; en 1630, elle était mariée avec Gabriel Crozier, habitant d'Amplepuis ;

2° Benoît, baptisé à Amplepuis, le 2 novembre 1608, filleul de noble Benoît de Pomey, seigneur de Rochefort, trésorier général des finances pour Sa Majesté en la généralité de Lyon, et d'Yoland de Pomey ; c'est lui, sans doute, qui était, en 1637, vicaire de Saint-Symphorien-de-Lay ;

3° Claudine, baptisée à Amplepuis, le 16 janvier 1616, filleule de Jean Coustier et de Claudine de Pomey, sa tante paternelle.

Autres membres de la famille de Pomey

Dans le manuscrit de Jean de Pomey, l'avocat, les registres paroissiaux d'Amplepuis, les archives du château de l'Aubépin et d'autres dépôts d'anciens actes, on trouve mentionnés les noms suivants qu'on peut rattacher à la famille qui fait l'objet de cette notice généalogique :

Vers 1400 — Mathieu, Jean, Barthélemy et Pierre de Pomey, possessionnés aux environs de Chessy.

1405 — Jean, fils de Girin de Pomey, paroissien de Saint-Just-la-Pendue.

1482 — Pierre de Pomey, alias Buel, de Saint-Just-la-Pendue.

1496 — Guillaume de Pomey, prêtre.

1540 — Benoît de Pomey, militaire, et Etienne de Pomey, docteur en théologie.

1548 — Briande de Pomey, femme de Jean, fils de Pierre Putigny, de Saint-Cyr-de-Valorges.

1563 — Jeanne de Pomey, femme de Benoît de la Fay, de Saint-Cyr-de-Valorges.

1597 — Benoîte de Pomey, d'Amplepuis.

1603 — Françoise de Pomey, femme de Jean de Saint-Lagier, d'Amplepuis.

1609 — Antoinette de Pomey, d'Amplepuis.

1624 — Jean de Pomey, de Saint-Jean-de-Bussières.

1635 — Benoîte de Pomey, femme de Pierre du Becy, d'Amplepuis.

1er avril 1676 — Inhumation au cimetière d'Amplepuis de Catherine de Pomey, âgée d'environ 75 ans, munie de tous ses sacrements.

17 mai 1684 — Inhumation à Amplepuis de Pierrette de Pomey, âgée d'environ 70 ans, munie de tous ses sacrements.

10 nov. 1670 — Mariage de Claudine, fille de Claude de Pomey, habitant de la paroisse d'Aiguilly, et de Dame Catherine Fragny avec Louis Tixier-Fragny, fils d'Antoine, habitant de la paroisse de Neaux, et de dame Marguerite Guérin.

Descendance féminine des De Pomey

CHAPITRE II

1° Nicole de POMEY eut de Claude TRUCHET :

aa. Hugues Truchet, prêtre, curé de Saint-Marcellin, en Charollais, mort en 1761.

2° Jeanne de POMEY eut de Claude FARGES :

aa. Charlotte Farges ;

ab. Jean-François Farges ;

ac. Jean-Marie Farges ; l'un de ces deux derniers devait être le grand'père de :

ca. Claude Farges, marié à Marguerite Desvernay, dont :

da. Marie-Rose Farges, religieuse à Sainte-Claire de Montbrison, morte en 1823 ;

db. Marie-Julie Farges, religieuse au même couvent en 1786, morte en 1824 ;

dc. Claudine-Marie Farges, mariée à Pierre Traclet, dont :

ea. N. Traclet, religieuse de Saint-Charles ;

eb. N. Traclet, religieuse de Saint-Charles ;

ec. Louis-François Traclet, marié, en 1839, à Jeanne-Marie Bardin ;

ed. Claude-Marie Traclet, marié, en 1854, à Félicité Froget.

3° MARIE-NICOLE DE POMEY eut D'ALEXANDRE-HENRI BLACHIER DU ROUCHET DE CHAZOTTE :

aa. Auguste de Chazotte, né en 1793, mort en 1864, marié en 1820, à Herminie de Saintard, née en 1798, morte en 1864, dont :

ba. Louis de Chazotte, mort en 1897, marié, en 1854, à sa cousine Marie Chappet de Vangel, morte en 1887, sans postérité ;

bb. Herminie de Chazotte, morte en 1881, à 58 ans ;

bc. Gabriel de Chazotte, marié d'abord, en 1862, à Marie Bruyère, morte en 1863, sans postérité, et remarié, en 1866, à Ernestine de Barjac ;

bd. Paul de Chazotte, mort en 1897, à 67 ans ;

be. Michel de Chazotte, marié, en 1873, à Emma de Missolz.

4° FRANÇOISE-THÉRÈSE DE POMEY eut de THOMAS-JACQUES DE COTTON :

aa. Zéphirine de Cotton, morte en 1866, mariée, en 1820, à Maurice de Payen de la Garde, mort en 1863, dont :

ba. Sidonie de la Garde, morte en 1877, mariée, en 1852, à Henri, baron Londès de Payen de la Garde, dont :

ca. Alfred de Payen de la Garde, mort en 1875 ;

cb. Gustave, baron de Payen de la Garde, marié, en 1894, à Marie-Thérèse de Saqui-Sannes, dont : Albert et Paul de Payen de la Garde;

bb. Hortense de la Garde, mariée, en 1852, à Louis d'Aillaud de Brisis, dont : Marie et Marguerite de Brisis, mariée à N. Gomer-Gouaux;

bc. Euphrosine de la Garde, morte en 1858, mariée, en 1844, à Alexandre de Georges de Guillomont, mort en 1891, dont :

ca. Clotilde de Guillomont, mariée, en 1869, à N. de Rebicq, dont : Maxime, Isaure et Eugénie de Rebicq;

cb. Camille de Guillomont, mariée, en 1879, à N. Clavel, dont : Alexandre Clavel;

cc. Edgard de Guillomont, marié d'abord, en 1880, à N. d'Hugues, morte en 1884, dont : Roger et Henri de Guillomont; il s'est remarié, en 1887, à N. de Merles;

cd. Noémi de Guillomont, mariée, en 1881, à Gilbert Jullié et morte, en 1881, à 24 ans;

ab. Louise de Cotton, morte en 1864, mariée, en 1826, à Aimé de Guilhermier, mort en 1861, dont :

ba. Albert comte de Guilhermier, marié, en 1864, à Marthe de Fontmichel, dont :

ca. Caroline de Guilhermier, mariée en 1890, à Jean de Laribal de Boisson, dont : Henri; Louis; Madeleine et Emilie de Laribal de Boisson;

cb. Thérèse de Guilhermier, mariée, en 1892, à Etienne de Courtois, dont : Marthe et Jacques de Courtois;

cc. Pierre de Guilhermier;

bb. Léonie de Guilhermier, mariée en 1859, à Alphonse de Merles, mort en 1892, dont :

ca. Aimé de Merles, marié, en 1894, à Rose Courtet, dont : Henri de Merles ;

cb. Louise de Merles ;

cc. Marie de Merles;

bc. Pulchérie de Guilhermier, mariée, en 1864, à Félix de Crousnilhon, mort en 1891, dont :

ca. Joseph de Crousnilhon ;

cb. Léon de Crousnilhon ;

cc. Henry de Crousnilhon ,

cd. Alphonse de Crousnilhon ;

ce. Octavie de Crousnilhon, mariée, en 1893, à Régis Champanhet, dont : Adèle et Henri Champanhet ;

bd. Paul de Guilhermier ;

bc. Caroline de Guilhermier, morte en 1859, mariée, en 1858, à Isidore Morel, mort en 1890 ;

ac. Aimée de Cotton, morte en 1847, mariée, en 1836, à Albin Trono de Bouchony, mort en 1881, dont :

ba. Marie de Bouchony, ursuline ;

bb. Auguste de Bouchony, marié, en 1870, à Ilda del Puech de Lomède, dont :

ca. Marthe de Bouchony, mariée, en 1894, à Etienne de Bast, dont : Louis et Yvonne de Bast ;

cb. Maurice de Bouchony ;

cc. Henri de Bouchony ;

cd. Louis de Bouchony ;

ce. Alfred de Bouchony ;

bc. Paulin de Bouchony, marié, en 1874, à Bathilde Raynaud de la Barèze, dont :

ca. Geneviève de Bouchony ;

cb. Germaine de Bouchony ;

cc. Ludovic de Bouchony ;

bd. Ludovic de Bouchony, mort en 1857 ;

ad. Séverin de Cotton, mort en 1862, marié à Gabrielle du Puy-Montbrun, morte en 1843, dont :

ba. Raymond de Cotton, marquis du Puy-Montbrun, mort en 1885, marié, en 1862, à Isaure de Chabert de Boën, dont :

ca. Gabrielle de Cotton, mariée, en 1884, au comte Louis de la Font, dont : Pierre, Marie et Raymond de la Font ;

cb. René de Cotton, mort en 1890, à 24 ans ;

cc. Suzanne de Cotton, morte en 1894, à 26 ans ;

cd. Yvonne de Cotton, mariée en 1898, au comte Enguerrand de Milly de Thy ;

ce. Marie de Cotton ;

bb. Louise de Cotton, morte, en 1860, à 26 ans ;

ac. Eusèbe de Cotton, mort en 1874, marié, en 1842, à Anna Bottu de Limas, morte en 1887, dont :

ba. Thérèse de Cotton, morte, en 1863, à 19 ans ;

bb. Léonie de Cotton, mariée, en 1866, à Abel de Jullien, baron de Villeneuve, dont :

ca. Marie de Villeneuve ;

cb. Anne de Villeneuve, mariée, en 1894, à Marc Besson de la Rochette, dont : Madeleine et Jacques de la Rochette ;

cc. Armand de Villeneuve, jésuite ;

cd. Jacques de Villeneuve, mort en 1893, à 15 ans;

ce. Louis de Villeneuve;

cf. Annabelle de Villeneuve ;

cg. Berthe de Villeneuve;

bc. Louis de Cotton, marié d'abord, en 1875, à Eugénie de Pomey de Rochefort, morte en 1883, puis, en 1887, à Mathilde de la Chapelle d'Uxelles, de laquelle il a : Jacques, Geneviève, Suzanne, Pierre et Robert de Cotton ;

bd. Marie de Cotton, morte en 1878, mariée, en 1871, à Ferdinand Dullin, dont :

ca. Charles Dullin ;

cb. Joseph Dullin ;

cc. Anna Dullin;

cd. Louise Dullin ;

ce. Camille Dullin, mariée, en 1899, à Adolphe Descostes ;

be. Emilie de Cotton, mariée, en 1876, à Joseph Teilhard de Chardin, dont :

ca. Marie Teilhard de Chardin.

5° Jeanne-Louise-Gabrielle de POMEY eut d'Antoine-Marie BARTHELOT, marquis d'OZENAY :

aa. Amélie d'Ozenay, morte en 1882, mariée, en 1826, à Frédéric de la Barge, comte de Certeau, mort en 1870, dont :

ba. Amédée de Certeau, marquis d'Ozenay, mort en 1891, marié, en 1866, à Fenella d'Orlier de Saint-Innocent, dont :

ca. Amélie d'Ozenay, morte, en 1875, à 3 ans ;

cb. Marie d'Ozenay ;

cc. Philibert d'Ozenay ;

bb. Henri, comte de Certeau, marié, en 1867, à Isaure Ruphy, dont :

ca. Fernand de Certeau, marié, en 1898, à Noémi Munet,

cb. Raymond de Certeau ;

cc. Bernadette de Certeau ;

ab. Olympe d'Ozenay, morte en 1887, mariée, en 1832, à Aimé Chastellain, baron de Belleroche, mort en 1894, sans postérité.

6° Albine de POMEY a eu d'Albert CHAPPET de VANGEL, entre autres enfants :

aa. Marie de Vangel, morte sans postérité, en 1887, mariée, en 1854, à son cousin Louis Blachier du Rouchet de Chazotte, mort en 1897 ;

ab. Paul de Vangel, marié en 1858, à Sara Gaillard de la Vernée, dont :

ba. Marthe de Vangel, mariée, en 1880, à Rodolphe Dareste de la Chavanne, dont : Jacques et Marie Dareste de la Chavanne ;

bb. Henri de Vangel, marié, en 1894, à Marie-Thérèse Lacretelle, dont : Jean de Vangel ;

bc. Lucie-Elisabeth de Vangel, morte jeune ;

ac. Henri-Victor-Bonaventure de Vangel, né en 1832, mort en 1839 ;

ad. Hortense de Vangel, née en 1834, morte en 1844 ;

ae. Marie-Alexandre-Louis de Vangel, né en 1838, mort en 1848 ;

af. Octavie de Vangel, née en 1839, morte en 1841 ;

ag. Joseph de Vangel ;

ah. Fernand de Vangel, marié en 1887, à Clara Metherall ;

ai. Philomène de Vangel.

7° Clotilde de POMEY a eu d'Henri FALCON de LONGEVIALLE:

aa. Edith de Longevialle, mariée en 1891, à Ferdinand du Saray de Vignolles, dont: Simone, Germaine et Guy du Saray;

ab. Jacques de Longevialle.

8° Caroline de POMEY a eu de Charles LÉGIER, baron de MONFORT-MALIJAY:

aa. Elisabeth de Montfort, morte accidentellement en 1893.

9° Louise de POMEY a eu de Henri GIRARD de CHASTEAUNEUF de la BATISSE:

aa. Geneviève de Chasteauneuf, mariée, en 1896, à Robert d'Ozouville;

ab. Jean de Chasteauneuf.

10° Adèle de POMEY a eu de Paul de RIVÉRIEULX de VARAX:

aa. Marie de Varax, morte en 1881, à 12 ans;

ab. Gabriel de Varax;

ac. Jeanne de Varax, mariée, en 1894, à Louis Rochette de Lempdes, dont: Paul, Henri et Hugues Rochette de Lempdes;

ad. Hugues de Varax;

ae. Agarithe de Varax.

11° Marguerite de POMEY a eu de Régis de RIVÉRIEULX de VARAX:

aa. Joseph de Varax, marié, en 1896, à Hélène Ruffier d'Epenoux, dont: Régis et Maurice de Varax;

ab. Valentine de Varax, religieuse du Cénacle;

ac. Pauline de Varax, mariée en 1897, à Hubert Le Conte;

ad. Louis de Varax, mort en 1873, à 6 mois;

ae. Louis de Varax;

af. Pierre de Varax;

ag. Paul de Varax;

ah. Suzanne de Varax;

ai. Bernard de Varax;

aj. Antoine de Varax;

ak. Elisabeth de Varax;

al. Raoul de Varax;

am. Adèle de Varax.

12° GABRIELLE DE POMEY a eu de LOUIS DE FRAIX DE FIGON :

aa. Régis de Fraix;

ab. Hippolyte de Fraix, mort jeune;

ac. Marie de Fraix;

ad. Cécile de Fraix;

ae. Joseph de Fraix.

Fiefs et Seigneuries de la famille de Pomey

CHAPITRE III

Seigneurie de Rochefort

Le château de Rochefort est situé en la paroisse d'Amplepuis, en Beaujolais, à 600 mètres environ d'altitude, au milieu de beaux bois de sapins et de chênes. Il est entouré de trois côtés de fossés pleins d'eau et est flanqué de quatre tours carrées, à toitures élevées ; une cinquième tour, de structure à peu près semblable et bâtie dans le style de l'époque de Marie de Médicis, en belles pierres de taille jaunes, sert de pavillon d'entrée à la cour d'honneur de ce manoir. Jadis, se trouvait de ce côté un pont-levis, remplacé ensuite par un pont de pierre, supprimé également depuis que les fossés ont été comblés de ce côté. La date de 1746 se lit au haut de la grille donnant accès à la cour mentionnée ci-dessus. Avant de faire la description du château de Rochefort, tel que nous le voyons aujourd'hui, faisons une excursion dans son passé.

Il devait y avoir, dès le XIIIe siècle, une maison forte à Rochefort, lieu qui avait emprunté son nom au voisinage des belles roches de quartz qui dominent le bois voisin appelé le Bois Fort, en vieux français le Bost Fort. Elle était possédée par une famille probablement noble, qui en portait le nom et dont on ne connaît qu'Etienne de Rochefort, Artaud, qui devait être son fils ou petit-fils, vivant en 1265, et Jeanne, peut-être sœur de ce dernier et qu'on suppose femme de Jean de Valentienne. C'était alors apparemment une terre et un fief de peu d'importance. Vers le commencement du XVe siècle, Rochefort passa par l'alliance d'une autre Jeanne de Rochefort avec noble Guillaume de Vaulx, à une autre maison qui le conserva peu d'années. Jeanne de Vaulx épousa noble Guichard de Sarron, damoiseau, seigneur de Marcoux, qui prêta foi et hommage, en 1460, pour la maison forte, domaine et seigneurie de Rochefort; il fut père de Benoît de Sarron, damoiseau, qui remplit la même formalité en 1486. Claude de Sarron avait succédé, en 1527, à Benoît, son père, dans la possession de Rochefort. Noble Annet de la Mer, écuyer, seigneur de Matha, jouit, on ne sait à quel titre, pendant quelque temps, de Rochefort ou d'une partie de cette terre, qui appartenait, en 1571, à François de Sarron, chevalier de Malte, fils dudit Claude de Sarron.

La maison de Sarron posséda Rochefort jusqu'au 6 août 1575, jour où noble Jacques de Sarron, frère dudit François et fils et héritier universel dudit Claude, le vendit à noble Claude de Rébé, seigneur dudit lieu; l'acte d'aliénation porte vente de la maison-forte, tènement et seigneurie de Rochefort, consistant en maison haute et basse, granges, étables, cours et aisances, places, serve, jardin, terres, prés, bois, pasquerages et autres possessions dudit domaine de Rochefort, assis en la paroisse d'Amplepuis, dont il y a trois bois, l'un appelé Senas, l'autre du Terreil (ce sont les vieux chênes au-dessus du pré du Poulin), et le troisième appelé du Coral avec un pré appelé de la Dame, le tout contigu, joignant les terres des consorts de Grolet de bise, matin et autres parties, les prés et possessions de Pierre Silvestre-Crozetta (la Crozette) et Loyse, sa femme, de soir et bise, les terres et possessions des consorts de la Gotardière et du Fez de vent et soir, les terres de Montchervet et de la Brossadière (chez Guerre) de vent et matin, le grand bois de Bost Fort vendu à Jacques Bellet (de la famille des Bellet de Saint-Trivier et de Tavernost), ha[illegible]in[illegible] de Thizy, par feu noble François de Sarron, frère dudit vendeur, de matin et autres parties. Dans la présente vente se trouve comprise la plus-value et droit appartenant audit Jacques de Sarron sur ledit bois de Bost-Fort et sur le grand pré appelé du Gas, assis en ladite paroisse d'Amplepuis, joignant le domaine de Rochefort de vent et soir et autres parties, le Ransonnet de matin et les terres de Grolet de bise.

Rochefort ne resta pas lomptemps dans la maison de Rébé; dès le 30 novembre 1579, haut et puissant seigneur messire Claude de Rébé-Saint-Trivier, baron d'Amplepuis et Thizy, vendit à noble Pierre d'Ausserre, seigneur dudit lieu et du Planil, conseiller du Roi et son avocat en la Sénéchaussée et Siège présidial de Lyon, sa terre et seigneurie de Rochefort, consistant en maison forte, grange, étableries, places, serves, garennes, verchères, bois de haute futaie et taillis, prés, terres et autres héritages, situés en la paroisse d'Amplepuis, ses appartenances et dépendances, ainsi qu'elle s'étend et comporte, ensemble, la rente noble, cens, servis, etc., dus à cause de ladite terre de Rochefort ès paroisses d'Amplepuis, les Sauvages, Ronno et Machézal, etc., etc. Ledit vendeur cède encore audit acheteur la justice haute, moyenne et basse au lieu et paroisse des Sauvages, hommes et sujets d'icelle, la justice haute, moyenne et basse de ladite maison de Rochefort, de la maison et domaine de Montchervet et des mazaiges et territoires des consorts Brossard-Guerre (chez Guerre), du Siny, de Mollendan et de la Pasquérye, situés en la paroisse d'Amplepuis.

Le 28 avril 1606, dame Catherine Thomas, veuve de M. Pierre d'Ausserre, chevalier, conseiller du Roi en son Conseil d'Etat et premier président au Parlement de Toulouse, et damoiselle Renée Trunel, veuve de noble Jean d'Ausserre, lieutenant général civil et criminel au Bailliage de Forez, ayeule, mère et tutrice de noble Antoine d'Ausserre, héritier universel dudit Pierre d'Ausserre, vendirent à Benoît de Pomey, secrétaire de la Chambre du Roi, les terres et seigneuries de Rochefort et les Sauvages, au pays de Beaujolais, consistant en la maison-forte de Rochefort, cens, servis portant laods, reconnaissances, droits et devoirs seigneuriaux, dime et charnage, avec les garennes, pâquerages, chasse de perdrix, bois de haute futaie et taillis, prés, terres, domaine, lesdites terres et seigneuries en toute justice haute, moyenne et basse, avec les droits de patronage, collation et prébendes ou commissions de messes et autres droits honorifiques dépendant de Rochefort ; cette vente est faite pour le prix de de 15.000 livres tournois.

C'est certainement à Benoît de Pomey que l'on doit la construction du beau pavillon d'entrée où l'on voit l'écusson de sa famille mutilé vers 1793 et des quatre tours flanquant les quatre angles du château de Rochefort. Il avait eu dans la succession de son père le domaine de la Croze et il augmenta beaucoup l'importance de sa terre, acquérant les domaines du Féchet, de l'Advergnet et de Violay sur la paroisse des Sauvages, celui de la Crozette, le fief, domaine et rente noble de Montchervet, sur celle d'Amplepuis.

Hugues de Pomey, prévôt des marchands de Lyon, recueillit Rochefort, en 1648, dans la succession de son oncle, Benoît de Pomey, dont il fut héritier testamentaire ; c'est lui qui acheta le domaine du Cluzel, plus tard appelé chez Le Vieux, et le domaine de chez Guerre.

Le 15 janvier 1685, on fit la description de Rochefort et ses dépendances ; c'était une terre en toute justice haute, moyenne et basse, bien limitée, de plus de deux lieues de tour, consistant en la totalité d'une paroisse, avec son église et clocher au milieu, appelée les Sauvages, toutes les dîmes de ladite paroisse, soit de tous grains généralement, comme aussi du charnage, comme moutons, cochons et autres choses décimables.

Dépendait encore de Rochefort, en justice, au moins le tiers des feux d'une autre paroisse voisine, des plus grandes du gouvernement de Beaujolais, appelée Amplepuis, avec aussi la plupart des dîmes de ce tiers, bien limité, comme aussi deux parcelles de deux autres paroisses appelées Machézal et Ronno, lesdites trois parcelles de ces trois paroisses aussi en justice haute, moyenne et basse, avec les dîmes. La terre de Rochefort consistait en sept grands domaines, chacun de six grands bœufs, enclos dans ladite justice. Dépendaient encore de Rochefort trois domaines dans ladite justice, de la culture de quatre bœufs chacun... Dépendaient encore de Rochefort deux moulins... un des domaines nommé Montchervet est en fief et à rente noble. Dépendent de cette terre, outre le fossé à fond de cuve autour du château, environ une douzaine d'étangs grands ou petits, appoissonnés et nourrissant d'eau de source les meilleurs poissons qu'on puisse manger. Au milieu de ladite terre sort une petite rivière nommée

Ransonnet, où l'on prend quantité de truites, écrevisses et autres poissons. Environ au milieu de ladite justice est bâti le château, consistant en une assez grande anti-cour entourée d'assez grandes écuries et fenières, à loger plus de 30 chevaux, une loge sur piliers de pierre à tenir carrosse, chars, foin et paille, ladite cour d'environ 70 à 80 pieds de carré; dans cette cour est enclos le logement haut et bas du concierge. De là, on entre dans la cour du château, par un pont-levis, traversant un grand fossé à fond de cuve, revêtu d'un grand portail, en forme de tour carrée, de pierre de taille, couvert à la française, à côté duquel portail est la fausse braye. La cour du château est carrée, bornée des trois autres côtés du logement et château de galerie, salles, chambres et autres appartenances. A chaque coin du château est une tour carrée, assez grande, couverte à la française, qui déborde et défend le château, le tout étant entouré d'une fausse braye et d'un fossé plein d'eau courante, revêtu de murailles à fond de cuve; autour du fossé sont placés un jardin assez grand, un verger, un bois de charmes et une garenne, clos et entourés de murailles. Dans l'enclos du château, il y a une bonne cave voûtée, un puits d'excellente eau qui ne tarit point, grandes cuisines, salles basses, fournier voûté et plusieurs autres grands membres bas; chapelle au deuxième étage, au bout d'une galerie, beaux et grands greniers bien percés au troisième étage, pouvant tenir au moins 3,000 bichets de bon blé. Les deux cours sont défendues par hautes murailles, six tours carrées, régulièrement posées et d'égale structure, couvertes à la française, sans compter celle du portail qui fait la septième. On aborde au château par deux grandes allées de tilleuls et deux grandes portes, l'une au matin, l'autre au soir; tout ledit lieu est entouré de quantité de bois taillis et de haute futaie de chêne, aussi beaux qu'il y en ait à 50 lieues à la ronde. Dépendent du château une rente en directe d'environ 800 à 900 livres, diverses prairies attachées au château et rendant, par communes années, 170 à 200 chars de 4 bœufs de bon foin de réserve, sans compter les seconds foins. Dépendent de ladite terre trois autres dîmes appelées de Valcolon, des Sauvages et de Sanières. Le revenu de la terre de Rochefort était alors de 6,430 livres, dont 2,500 pour les dîmes et rentes.

Le 23 décembre 1685, Hugues de Pomey, chevalier, seigneur de Rochefort, Montchervet et les Sauvages, afferma à Pierre de L'Espinasse, demeurant à Amplepuis, la terre et seigneurie de Rochefort et les Sauvages, fief de Montchervet, consistant aux châteaux de Rochefort et de Montchervet, droits de chasse et pêche, pour lui tant seulement, neuf domaines, moulin, rentes nobles, dîmes, pour trois ans et le prix annuel de 4,800 livres. Le seigneur de Rochefort se réserve dans son château la salle qui est au bout de la galerie de la chapelle (c'est le salon actuel avec son antichambre; la galerie occupait l'emplacement de toutes les chambres entre la chapelle et le salon), les deux chambres entre le grand escalier et l'escalier du membre qui a été brûlé (la chambre dont les murs sont tendus de vieilles tapisseries de l'époque de Louis XIII et la chambre violette réunies et celle de Points de Hongrie) et la chambre jaune (la lingerie actuelle), laquelle joint la chambre verte (la chambre bleue) non comprise dans la réserve, ainsi que celle qui est au bout du bâtiment (chambre dite du Grand'Père); Hugues de Pomey se réserve aussi une portion d'écurie à tenir six chevaux et un bout de remise. La chapelle et la galerie seront communes; le fermier tiendra la garenne bien close.

Le 25 juin 1686, M. de L'Espinasse occupait, entre autres appartements, au château de Rochefort, la grande cuisine voûtée (le fruitier et l'office actuels), où étaient les fours, la tour qui est au coin, la cave vis-à-vis la porte de ladite cuisine, la salle qui est à côté de la même cuisine, du côté de vent, où il y a quatre fenêtres ou volets vitrés (la salle à manger), le grenier au-dessus de la grande cuisine, qui avait été brûlé, celui qui le joint, tirant du côté de vent, celui qui est au-dessus de la grande salle et tour y jointe, une chambre appelée Pelot (du nom de la famille de Marie Pelot, première femme d'Hugues de Pomey; c'est la chambre de Points de Hongrie), qui est au-dessus de la cuisine voûtée, que ledit de L'Espinasse occupait avec une autre chambre y joignant, restant sous la tour ou pavillon, plus un petit bouge, à côté de la chambre Pelot, étant du côté des fossés. Il est convenu que lorsque M. de Pomey ou sa femme viendra à Rochefort, il leur sera loisible d'occuper ladite chambre Pelot, ledit bouge et ladite chambre de la tour. M. de L'Espinasse se charge encore de l'écurie qui est à main gauche de la grande anti-cour, du côté de bise, où M. de Pomey nourrissait ses poulains, de celle ensuite où il nourrissait ses vaches et son barbe, de la petite écurie ensuite où il tenait ses moutons et brebis. M. de Pomey se réserve la chambre où il logeait sa tante (femme de basse-cour) et les deux chambres où il logeait son jardinier et Rollet (son cocher), au-dessus, pour y loger ses gens, quand lui ou sa femme viendra au château. M. de L'Espinasse se charge aussi de la fenière au-dessus de l'écurie des vaches et de tout le reste de la grande fenière étant sur l'écurie des poulains, et passant même sur la grande entrée du logis et allant jusqu'à une nouvelle entrée faite pour un déduit que M. de Pomey se réserve pour tenir du foin, avec une écurie au-dessous où ont toujours été ses chevaux de selle, la chambre des harnais, la parcelle de loge qui joint la susdite chambre, comprenant la moitié de ladite loge que M. de Pomey s'est réservée pour tenir ses bois et pailles. M. de Pomey se réserve tout le reste dudit château, excepté la tour sous la chapelle, où est le gélinier (poulailler), et les deux cours qui seront communes avec le jardin, quand ledit seigneur sera à Rochefort.

Hugues de Pomey eut pour successeur à Rochefort autre Hugues de Pomey, son cousin et filleul, secrétaire au Parlement de Dombes, qui posséda ce château de 1688 à 1710 ou 1711.

Rochefort arriva ensuite par succession au fils unique de ce dernier Jacques de Pomey, qui habita beaucoup ce manoir et y fit des embellissements; en 1746, il fit boiser la chapelle et, vers 1753, il fit diviser la galerie en deux grandes chambres et deux grands cabinets qui furent alors apparemment desservis par le corridor actuel qui doit dater de cette époque.

Jacques de Pomey, mariant son fils Jean-Joseph-Luc, capitaine au régiment d'Eu-infanterie avec Claudine-Sulpice de Ferrus, lui donna, le 11 avril 1768, sa terre et seigneurie de Rochefort. Jean-Joseph-Luc fit bâtir le corps de logis situé entre la chapelle et le pavillon d'entrée; il fit faire, en 1780, la grande horloge de Rochefort par Freydière, maître horloger, demeurant à Jas, près Panissière. Il acquit les maisons de Grolet et le domaine de Barberet.

Au mois d'août 1789, Rochefort étant menacé d'être pillé par les brigands suscités par l'esprit révolutionnaire, on y fit le guet et garde pendant plusieurs semaines; une vingtaine de braves paysans du voisinage y furent employés tour à tour, à raison de 12 sols par nuit.

Vers cette époque, quelques révolutionnaires d'Amplepuis étant venus à Rochefort, avec l'intention d'y faire une perquisition et de commettre quelques vols, Claudine-Sulpice de Ferrus, femme de Jean-Joseph-Luc de

Pomey, les harangua avec tant d'éloquence qu'ils s'en retournèrent comme ils étaient venus; elle leur parla du haut d'une de ces grosses pierres qui sont placées à l'entrée du grand portail.

Quelque temps après, sans doute pendant l'absence du propriétaire de Rochefort, un certain nombre de forcenés virnent dans ce château et en enlevèrent une bretagne ou plaque de cheminée fleurdelysée; celui qui l'emportait trébucha, dit-on, en passant le Ransonnet sur la planche de Paradis et disparut avec elle dans cette rivière.

Rochefort fut mis sous le séquestre en 1793 et 1794; Jean-Joseph-Luc de Pomey en rentra ensuite en possession et en jouit jusqu'à sa mort arrivée en 1800. Il y eut alors pour successeur son fils Jean, mort en 1852 et père de M. Hippolyte de Pomey qui a possédé ce château jusqu'à son décès, arrivé en 1887.

Terminons cette notice par une description abrégée de Rochefort tel qu'il est aujourd'hui. La cour du château est bordée de pierres volcaniques et entourée de tous côtés de bâtiments d'égale élévation, si ce n'est du côté droit du pavillon d'entrée où une terrasse s'élève à la hauteur de la base du premier étage. De cette cour on peut entrer par sept portes différentes dans l'intérieur du manoir; par la première, à gauche, on arrive à un des quatre escaliers qui desservent les différents appartements et les deux étages supérieurs. Le rez-de-chaussée, duquel on sort sur le jardin par une porte qui s'ouvre à l'entrée du pont de pierre qui y conduit, se compose de nombreuses pièces, dont les principales sont une vaste cuisine, ornée d'un grand dressoir rempli de faïences de Rouen, et une immense salle à manger, éclairée par trois fenêtres, ornée d'un antique bahut du XVIe siècle, qui est couronné d'un vase antique, de deux blaireaux et d'un écureuil blanc empaillés, tués à Rochefort, et d'un tableau représentant des fleurs, vases, pipes, cigares, livres, draperies, œuvre de M. Edouard Ravel de Malval, frère de Mme Hippolyte de Pomey; cette salle à manger est entourée de belles boiseries en chêne, et son plafond composé de poutrelles saillantes a été peint par Zachéo, père; un corridor dessert de trois côtés cette partie du château. Le premier étage commence par l'ancienne chambre de M. Hippolyte de Pomey; ses principaux ornements sont les portraits de son père et de sa mère, une glace antique, dont le cadre est orné de dessins variés en cuivre repoussé, un beau tableau représentant l'Enfant-Jésus, la Sainte Vierge et Saint Joseph, venu de la collection de M. Ravel de Malval, père de Mme de Pomey, un médaillon en métal de la tête d'Hugues de Pomey, prévôt des marchands de Lyon, et de vieilles tentures gracieusement brodées, qui entourent le lit et les fenêtres. Le cabinet de cette chambre renferme une bibliothèque composée principalement de livres du XVIIIe siècle; il y a aussi quelques ouvrages datant de 1519 à 1700, qui peuvent avoir un certain intérêt pour les amateurs; je citerai les *Chroniques* de Monstrelet, les *Alliances généalogiques* de Paradin, l'*Histoire de la maison de Savoie* de Guichenon, divers ouvrages de droit et autres en latin, grec, français et quelques livres sur l'histoire de Lyon. A l'entrée de cette chambre se trouve la sacristie, qui est meublée d'une ancienne crédence, d'un vieux coffre et de quelques gravures religieuses; elle est fermée d'une vieille porte à barreaux, ornée des armes de la famille de Pomey, des lettres J. H. S. et du millésime de 1618. De la sacristie on passe dans la chapelle construite par Benoît de Pomey et bénite pour la première fois le 18 juillet 1632; en 1688, elle était ornée d'un tableau peint à l'huile placé au-dessus de l'autel et représentant Jésus crucifié. Aujourd'hui elle a pour principale décoration un grand christ en ivoire, du commencement du XVIIIe siècle, qu'on présume être celui qui fut légué, en 1714, à Jacques de Pomey par sa tante Marie de Pomey, veuve de Maurice Giraud; il est appliqué sur une glace, surmonté d'un pélican, cantonné de quatre petits génies, accompagné de deux grands anges aux deux côtés et au-dessous du visage de Notre-Seigneur représenté sur le voile de sainte Véronique. A droite et à gauche de l'autel sont placées sur des supports les statues du Sacré-Cœur de Jésus et de Notre-Dame de Lourdes. Un œil de bœuf de verre de couleur éclaire le dessus de l'autel; d'un côté s'ouvre une fenêtre garnie d'un vitrail de Thibaud, de Clermont, représentant la Sainte Vierge portant dans ses bras l'Enfant-Jésus; de l'autre la chapelle est éclairée par une verrière du même auteur, dont le sujet est saint Benoît, patron de cet oratoire et de son fondateur, dont les armoiries et celles de Charlotte de Thélis, sa femme, ont été reproduites à un des angles inférieurs; à l'autre on lit que ce sanctuaire, élevé en 1632, fut restauré en 1853; cette seconde bénédiction fut donnée par le R. P. Sébastien Gaillard, de la Compagnie de Jésus, cousin germain de Mme Hippolyte de Pomey, le 13 septembre 1853. Deux anciens tableaux représentant, l'un la Sainte Vierge, l'Enfant-Jésus et saint Jean-Baptiste, l'autre la naissance de l'Enfant-Jésus et les Anges descendant du ciel pour l'adorer, et une immense toile, œuvre de M. Edouard Ravel de Malval, dont le sujet est la descente de la croix de Notre-Seigneur, avec une belle lampe moderne terminent la principale ornementation de cette chapelle. A la suite de cet oratoire, qui est placé dans la tour sud-est du château, on trouve quatre chambres donnant sur le jardin; la principale qui fut celle de la maîtresse de la maison renferme le portrait d'Adèle de Pomey, femme de Paul de Varax, peint par sa sœur Marguerite, mariée à Régis de Varax, deux belles glaces anciennes, une jolie commode Louis XIV et une pendule moderne qui a assez de style. Un corridor longeant toutes ces pièces et faisant face au nord-ouest et au nord-est dessert la moitié de l'habitation; il est orné de fresques du susdit Zachéo. Au retour de ce corridor, on entre dans le salon boisé et meublé dans le goût de la première moitié de ce siècle; quatre tableaux décorent les murs; les deux premiers, œuvres de M. Edouard Ravel de Malval représentent, l'un, sa sœur, Mme Hippolyte de Pomey, l'autre, le mari de celle-ci. Les deux autres tableaux ont pour sujets, messire Jacque de Pomey, posant à côté de ses livres favoris, et son oncle maternel messire François de Chambaud de Bavas, revêtu d'une élégante armure. Du salon on entre dans la tour de Musique; aux murs sont appendus trois anciens portraits de famille, de valeurs différentes; ils représentent Paule de Chambaud de Bavas, femme d'Hugues II de Pomey, et ses deux petites filles, Paule de Pomey et Marie-Nicole de Pomey, femme de son oncle maternel, Jean-Joseph de Villeneufve, baron de Joux; on y voit aussi les portraits peints à l'huile de Mmes Hortense et Octavie de Pomey, religieuses ursulines, sœurs de M. Hippolyte de Pomey, l'une en religieuse, l'autre en costume du monde. De l'autre côté du salon se trouve une pièce, autrefois nommée billard; on y voit un tableau de fleurs et de fruits, de la main d'un bon maître de la fin du XVIIIe siècle, un portrait du bon roi Henri IV, trois portraits estimés d'hommes et autant de femmes, revêtus de costumes du commencement du XVIIe siècle; sur quelques-uns des tableaux on voit le millésime de leur confection; une dernière toile représente enfin le roi Louis XIII enfant. Une vieille console Louis XIV orne un côté de cette pièce et supporte une vitrine contenant des vases et fragments de vases gaulois, des monnaies, objets divers de la même époque et quelques instruments remontant à l'âge de la pierre polie. De l'ancien billard on arrive, en passant sur un palier de l'escalier principal, à une pièce servant aujourd'hui de chambre; on y remarque d'anciennes tapisseries, de l'époque de Louis XIII, représentant des chasseurs et des chiens de formes pittoresques, poursuivant des lions, des sangliers, des autruches; des arbres et plantes complètent le paysage. La cheminée est surmontée d'un trumeau, genre Watteau. On trouve, à côté, la chambre violette, dont le lit est entouré de rideaux brodés antiques; une glace, une commode anciennes et une pendule Louis XV ornent cet appartement. Vient ensuite un cabinet, dont le plafond est décoré d'une peinture peu artistique, représentant l'enlèvement de Proserpine; les armoiries des familles de Pomey et de Villeneufve peintes à l'entour prouvent que cette œuvre date du mariage de Jacques de Pomey de Rochefort avec Marie-Charlotte de Villeneufve de Joux. Tout près de là on entre dans la chambre dite de Points de Hongrie, autrefois chambre Pelot, ainsi nommée, des antiques rideaux brodés en tapisserie de ce genre qui entourent les deux grands lits de cette pièce. Une glace Louis XV ornée de raisins meuble cette chambre avec une commode antique et un bureau Louis XIII en bois incrusté de métaux de deux couleurs, formant de fines arabesques. De là, après avoir traversé la lingerie, on va dans l'immense chambre bleue, ornée de vieilles toiles représentant des personnages du temps de Henri IV et de Louis XIII, de deux petits tableaux religieux sur cuivre, entourés de fleurs, d'une toile enchâssée dans la boiserie, qui a pour sujet une princesse espagnole et son petit chien, de deux anciennes commodes et d'un trumeau sur la cheminée. Cet étage est terminé par une grande chambre arrangée dans le goût moderne, et portant le nom de chambre du Grand'Père, en souvenir de Jacques de Pomey, qui s'y installa, en 1768, après le mariage de son fils. Le second étage se compose de quelques chambres et de vastes greniers. De l'autre côté du porche par lequel on arrive dans la cour du château s'étend la grande cour et ses dépendances autour de laquelle sont placés des logements de serviteurs ruraux, les écuries, remises, granges, greniers, etc.; un puits élégant surmonté d'une pierre taillée en coquille se trouve du côté de la sortie extérieure de cette cour. Un portail conduit dans une troisième cour où l'on rencontre le poulailler, le chenil, les magasins à bois, etc... De

Rochefort on aperçoit les montagnes des Nioules, le clocher des Sauvages, les roches de Tallebard, la route de Paris à Lyon par le Bourbonnais, au point où elle touche au hameau de la Chapelle de Sienne, la montagne dominant le Pin Bouchin. D'un autre côté, la vue découvre les collines du Bourbonnais avoisinant Montaiguët et Lenax, les clochers de Montagny, Combres, Marnand, Saint-Jean-la-Bussière, Meaux, Saint-Bonnet-le-Troncy, etc.

Fief de Montchervet

Le petit château de Montchervet, depuis longtemps réduit à l'état d domaine agricole et encore flanqué d'une tour carrée et d'une tour rond devait appartenir originairement à la famille de Montchervet qui le pr en arrière-fief de la famille de Lorgue.

En 1280, Guillaume de Lorgue, chanoine de Saint-Just de Lyon, fit f et hommage pour Montchervet.

En 1282, Etienne de Montchervet, de la paroisse d'Amplepuis, fit f et hommage à noble Guillaume de Lorgue, chanoine de Saint-Just, pou son curtil de la Pierre qu'il possédait avec Etienne de la Pierre, joux les terres de Montchalvet ou Montchervet qui devaient lui appartenir.

Gonnyn du Cluysel, de Saint-Just-la-Pendue, vendit, en 1287, au mêm Guillaume de Lorgue une rente que lui devait Etienne de Montcherv dans la paroisse d'Amplepuis.

En 1296, foi et hommage furent faits par Etienne de Montchervet nobles Guillaume et Bompard de Lorgue, lesquels firent, en 1297, foi e hommage au seigneur de l'Aubépin pour les rentes de Montchervet Hugonyn et Bernard de Montchervet firent, en 1328, foi et hommage Guillaume et Bompard de Lorgue et leur passèrent une vente.

Le 4 février 1386, Sibille de Farges qui appartenait, peut-être, à l maison de Thélis, dame de Montchervet, fit foi et hommage à noble Loui de Lorgue de sa maison de Montchervet, d'un tènement à la Pierre e reconnut des servis qu'elle y devait ainsi qu'ailleurs.

Jean d'Ars était seigneur de Montchervet en 1416 ; il fut peut-être le père de :

Guichard d'Ars, seigneur de Montchervet et de Meyré, qui eut de Philippe de Foudras-Courcenay :

Jeanne d'Ars, dame de Montchervet et Meyré, mariée, vers 1441, à Claude de Saint-Romain, seigneur de Valorges, dont elle eut :

Pierre de Saint-Romain, seigneur de Montchervet, Lurcy et Valorges, marié à Claudine de Talaru, dont :

Françoise de Saint-Romain, dame de Montchervet, femme d'Hugues de Nagu, seigneur de Varennes, Laye, les Chézaulx et Pruzilly, qui testa en 1537.

Philibert de Saint-Romain, frère de ladite Françoise, ayant accompagné, dans sa défection, le connétable de Bourbon, dont il était chambellan, tous les biens de sa famille furent confisqués par le roi François Ier et donnés à Pierre de Vuarty, grand-maître des eaux et forêts de France ; celui-ci donna le dénombrement de Montchervet le 25 août 1540.

Montchervet fut ensuite restitué aux Nagu ; Philibert de Nagu, fils de Françoise de Saint-Romain, le possédait en 1542 ; il y avait pour successeur, en 1566, son fils Jean de Nagu ; celui-ci vendit, le 22 juillet 1567, le fief de Montchervet à honorable Jean Voyret, en se réservant le droit de le racheter.

Le 15 juillet 1575, il vendit ce droit de réméré à maître Jean Farges.

Maître Antoine Farges, mari de Bénigne de Vacheron, était, en 1596, seigneur de Montchervet.

En 1602, Montchervet appartenait à Claude Farges, seigneur de Ronzières, notaire, greffier de la châtellenie de Ternand, marié à Marguerite d'Olifant.

En 1611, la terre et seigneurie de Monchervet relevait de la justice de Rochefort ; une rente noble en dépendait.

Benoît de Pomey, seigneur de Rochefort, acheta, en 1620, dudit Claude Farges, le château et seigneurie de Montchervet et domaine dudit lieu, consistant en maisons, granges, étables, cours, aisances, jardin, chenevier, prés, terres, bois, garennes, serves, étangs et sarroux. On rapporte que le vendeur, quittant Montchervet, se retourna, en portant un regard attristé sur ce manoir et dit : « pauvre Montchervet, tu n'as pas été vendu ce que les étangs ont coûté. » En effet, il en avait construit un bon nombre, dont plusieurs ont été abolis. Montchervet n'a pas été vendu depuis cette époque.

En 1677, Pierre Animé, commissaire à terriers, demeurait à Montchervet en qualité de locataire.

Seigneurie des Sauvages

La seigneurie des Sauvages, qui dépendait autrefois de la baronnie d'Amplepuis, fut unie à la seigneurie de Rochefort vers la fin du XVIe siècle et n'en fut plus séparée jusqu'à la Révolution de 1789; il y avait aux Sauvages un fort qui était déjà en ruine, vers 1580, et qui renfermait l'église paroissiale, les prisons du seigneur et un petit cimetière le long de l'église.

En 1611, la paroisse des Sauvages, justiciable de Benoît de Pomey, seigneur de Rochefort, consistait en l'église et bourg dudit lieu, les masages du Cherpenay, Baumangu, les Perrey, Lièvre, Majournet, Bertier, Guerre, la Vioudière, le Ris, Baron, la Gay, le Féchet, la Chapelle, la Meyssonnière, Courtaud, le Chavanis, la maison de Rivoire et la Renardière. Le seigneur des Sauvages possédait sur cette paroisse les rentes du Cherpenay, de Charrellon et de la Gay et la moitié des dîmes indivises avec le seigneur de l'Aubépin.

Benoît de Pomey ayant fait remontrer au roi que la seigneurie des Sauvages est d'assez grande étendue, y ayant un bon gros bourg, situé en pays fertile et abondant en blés, bestial et autres choses nécessaires à la vie, construit et édifié d'un grand nombre de maisons, dont les habitants trafiquent et commercent avec les circonvoisins, tellement que pour leur grande commodité, décoration et augmentation de ladite seigneurie, ledit de Pomey désirait qu'il plût au Roi, comme il l'a très humblement fait supplier, y établir deux foires l'année, et sur ce lui octroyer les lettres nécessaires ; à quoi inclinant volontiers, tant pour donner moyens : habitants de supporter leurs charges, qu'en considération des bons agréables services que Benoît de Pomey lui a dès longtemps rendus qu'il espère qu'il lui continuera de bien en mieux, le Roi crée, en 16 audit bourg des Sauvages, deux foires l'année, pour y être dorénavant toujours tenues, la première le jour et fête de Saint-Pierre et Saint-P et l'autre le jour et fête de la Transfiguration de Notre-Seigneur. Ces foi se tiennent toujours les mêmes jours.

Fief de la Goutte

Le château de la Goutte, situé au-dessus du bourg d'Amplepuis, se compose d'un corps de logis, flanqué d'une tour carrée à toiture aiguë. Une très ancienne tour, dont les murs ont une épaisseur de plusieurs mètres, et dont on fait remonter la construction à l'époque de Charlemagne est reliée au manoir par une galerie ouverte.

Le premier seigneur de la Goutte qui soit connu est noble Geoffray de Saint-Jean, docteur ès droits, qui testa, en 1364, en faveur de noble homme Hugues de Saint-Jean, damoiseau, son fils, et vivait encore en 1365.

En 1447, noble Antoine de Saint-Jean, damoiseau, était seigneur de la Goutte, qu'il possédait encore en 1472. Gabrielle de Saint-Jean, probablement sa fille, fut dame de la Goutte et épousa Antoine de Mars, seigneur de la Bâtie et de Sainte-Agathe, en Forez.

Noble Pierre de Mars, leur fils, était, en 1513, seigneur de la Goutte.

En 1529, messire Philibert de Beaujeu, baron d'Amplepuis, et Catherine d'Amboise, son épouse, acquirent la seigneurie de la Goutte de noble Charles de Villeneufve, baron de Joux, et de noble Lancelot de Mars, seigneur de Sainte-Agathe et de Saint-Marcel ; celui-ci était peut-être le fils de Pierre de Mars sus-nommé.

Le 9 avril 1529, Philibert de Beaujeu afferma à Jean Faichon, notaire en Beaujolais, ses domaines, métairies et garennes de la Goutte.

Le 21 mai 1536, Philibert de Beaujeu, seigneur de la Goutte et baron d'Amplepuis, afferma à messire Briand de Pomey, prêtre, et à honnête personne Jean de Pierrefeu, marchand de la paroisse d'Amplepuis Chastel, grande tour, tènement et domaine de la Goutte ; les fermiers pourront mettre aucune chose dans les chambres et salles du chastel de Goutte, comme blés, arches et autres meubles, si ce n'est dans la grar tour où ils pourront mettre ce qui leur plaira.

En 1540, ledit messire Philibert de Beaujeu, baron de Lignières, dor le dénombrement du château de la Goutte qui n'avait aucune justice.

En 1541, dame Catherine d'Amboise, sa veuve et héritière, dor semblable dénombrement.

En 1566, le château de la Goutte, la grange et métairie de Coussy dépendant appartenaient à Henriette de Clèves, duchesse de Nivern héritière de Catherine d'Amboise et femme de Ludovic de Gonzague.

Le 13 novembre 1567, le château de la Goutte fut vendu par Ludo de Gonzague à noble Jullio Reste, gentilhomme milanais, demeuran Lyon; il y avait alors plusieurs réparations de grande et infinie dépens faire audit château, pour le rendre habitable; une rente noble dépendait la Goutte.

En 1575, cette vente avait été annulée et Henriette de Clèves ét rentrée en possession du château de la Goutte.

En 1578, elle vendit le fief de la Goutte à messire Claude de Rél seigneur dudit lieu, qui le revendit, en 1593, à Briand de Pomey.

En 1603, Briand de Pomey demeurait en son château de la Goutte-l Amplepuis.

Le 27 novembre 1608, il est dit que messire Zacharie de Rébé-Sai Trivier, seigneur de Rébé et Thizy, co-seigneur et baron d'Amplepu en sa qualité d'héritier par bénéfice d'inventaire de feu messire Claude Rébé-Saint-Trivier, avait ci-devant vendu et abenevisé à Briand de Pome seigneur de Combefort, le château appelé de la Goutte, manoir d'iceh fossés, place et jardin, garennes et tout ce qui en dépendait, assis dans paroisse d'Amplepuis, jouxte le chemin tendant d'Amplepuis à Ronno bise, les terres de maître Pierre Guillard, du domaine de Coussy, de mati vent et soir et le jardin de François Praslon de soir. Par ce contra M. de Rébé s'était réservé la propriété de la grande tour du château de Goutte, tant pour loger les prisonniers que le geôlier, avec la semaille deux coupes de blé, pour un jardin au geôlier, à la charge néanmoins pouvoir par ledit de Pomey faire sa demeurance et habitation avec sa femme et sa famille dans ladite tour, en baillant par lui une maison cuisine, dans l'enceinte dudit château pour la résidence dudit geôlier et laissant le bas étage de ladite tour pour la garde des prisonniers, ou bien faisant faire autre lieu assuré pour ladite garde, comme il est spécifié, par le contrat du 26 mars 1593, et c'est pour le prix de 800 livres tournois et sous le servis annuel et perpétuel de 17 sols tournois, 2 bichets de seigle, mesure d'Amplepuis, 2 conils, etc... Depuis la passation de ce contrat, le 22 juin 1593, ledit seigneur de Rébé aurait fait accord avec ledit de Pomey, par lequel il aurait été convenu que celui-ci, avec sa femme et sa famille, pendant sa vie, et après lui, un de ses enfants, fils ou fille, pourrait habiter dans ladite tour, baillant autre lieu pour la garde desdits prisonniers, sans toutefois pouvoir y faire autre demeurance, sans la volonté dudit seigneur de Rébé. Depuis ce temps, M. de Pomey a, à ses coûts et dépens, fait réparer ladite grande tour et fait rebâtir les manoirs dudit château de la Goutte, arraché les garennes, remis les fossés en état, ainsi que le jardin auparavant en friche et ruiné, et dans ce château a fait sa résidence actuelle et tenu un geôlier en une chambre dudit château, ce qui est très gênant pour lui et sa famille ; et comme les prisons dudit Amplepuis ne souloient être au château de la Goutte, ains au château vieux d'Amplepuis, au-dessous et joignant ledit bourg d'Amplepuis, Zacharie de Rébé a remis irrévocablement le château de la Goutte à Briand de Pomey, en s'y réservant la justice haute, moyenne et basse, et le fief qui lui en sera fait à toutes mutations, à sa première réquisition, moyennant le prix de mille livres tournois. M. de Pomey sera tenu de faire bâtir une maison pour loger les prisonniers d'Amplepuis, tant civils que criminels, et une chambre pour la demeure d'un geôlier dans ladite prison, pour lesquelles constructions sera pris du bois dans la forêt de Molluron dépendant de la seigneurie d'Amplepuis, et les pierres et matériaux qui se trouveront aux ruines et masures du vieux château.

Le 30 mai 1613, le seigneur de Rébé promit de maintenir Briand de Pomey dans la possession de la maison et chastel de la Goutte.

Briand de Pomey mourut, le 25 décembre 1617, en son château de la Goutte.

En 1619, le chastel de la Goutte, fief ressortissant de la baronnie d'Amplepuis, était habité par M. Pierre Guillard et possédé par MM J. et Benoît de Pomey, fils dudit Briand de Pomey.

Par partage du 23 août 1621, noble homme Jean de Pomey, procur du Roi à Lyon, eut dans la succession de noble Briand de Pomey, son pè la maison et château de la Goutte, jardin, verchères et terres.

En 1625, Pierre Guillard acheta de Jean de Pomey, son beau-frère château, maison forte de la Goutte fossoyée, verchères, jardin, garen et dépendances, nobles et allodiaux, joignant le domaine de Coussy du Guillard de divers côtés, le chemin tendant d'Amplepuis à Ronno de bi celui allant dudit Amplepuis au château de la Goutte de vent.

En 1638, ledit Pierre Guillard fit faire les fossés de la Goutte depuis pont-levis allant à la grande tour carrée jusqu'à la tour du côté de matin à l'esguidier de la cuisine; c'est lui qui avait fait bâtir cette dernière to et planter l'allée des tilleuls. Il était juge ordinaire civil et criminel en justice et baronnie d'Amplepuis. En 1650, il fit construire la galerie alla du logis à la grande tour de la Goutte.

Le 22 avril 1650, Pierre Guillard donna à autre Pierre Guillard, s fils, trésorier de France à Lyon, sa maison noble et fief de la Gout rentes nobles, etc... Il mourut, le 31 août 1653, dans la chambre ba faisant le coin ou angle du château de la Goutte, du côté du midi.

Le 14 août 1690, messire Pierre Guillard, trésorier de France, mala dans sa maison de la Goutte, fit un testament en la chambre grise, proc la petite tour neuve qui prenait sa vue sur les fossés; il eut pour successe à la Goutte son neveu Charles Tricand, garde du corps du duc d'Orléan mort le 14 mai 1697. David Tricand, fils dudit Charles, lui succéda da la possession de la Goutte, il était chevalier de Saint-Louis, gendarme la garde du Roi et demeurait, en 1732, au château de la Goutte.

En 1757, la Goutte est qualifiée château et fief, avec rente noble dîme, situé proche le bourg et rière la châtellenie d'Amplepuis.

En 1758, David Tricand de la Goutte et Louis-Marie, son fils, so tous deux qualifiés seigneurs de la Goutte; Louis-Marie Tricand de Goutte était, en 1766, contrôleur ordinaire des guerres et demeura ordinairement en son château de la Goutte, qu'il possédait en 1789 qui appartient aujourd'hui à ses descendants du même nom.

Baronnie de Joux

Le voyageur qui, de Tarare, se rend à Roanne par la Chapelle de Sienne, le Pin-Bouchin et Saint-Symphorien-de-Lay, aperçoit sur sa gauche, à six kilomètres environ de la ville manufacturière, un joli village dominant la vallée et dominé lui-même par des pentes rapides couvertes de bois de sapins, au-dessus desquels apparaît la tour aérienne de Boussivre. Ce village se nomma d'abord Ara-Jovis, en souvenir d'un autel dédié à Jupiter, puis Jo, ensuite Joz, et maintenant c'est Joux-sur-Tarare. Au-dessus de ses maisons se dresse son vieux château, aux tours imposantes, dont l'esplanade est couronnée par un magnifique tilleul, vénérable Sully, couvrant de sa vaste et épaisse ramure tout l'espace compris entre le château et l'église paroissiale.

Après avoir dépendu des seigneurs de Lay, Joux appartint aux puissantes maisons de Forez et de Beaujeu, puis il passa aux Aycelin de Listenois et aux de Vienne; enfin il fut acquis par les de Villeneufve, ancienne famille consulaire de Lyon. Leurs descendants par les femmes les représentent encore aujourd'hui à Joux, et ce château a le privilège de n'avoir pas été aliéné depuis près de 400 ans. La seigneurie de Joux avait le titre de baronnie, comme ayant été l'apanage d'un cadet de la maison de Beaujeu et s'étendait sur trois paroisses et partie de trois autres.

Le plus ancien seigneur de Joux qu'on connaisse est Aimon, seigneur de Lay, vivant vers 1080. En 1273, la seigneurie de Joux relevait du comté de Forez. En 1302, elle dépendait des sires de Beaujeu, dont une branche posséda le château de Joux de 1345 à 1390 et le porta, pa alliance, aux Aycelin de Listenois, d'où il passa, encore par mariage en 1410, à la maison de Vienne. Celle-ci vendit à Jacques de Beaujeu seigneur d'Amplepuis, la châtellenie, terre et baronnie de Joux-sur-Tarare dîmes, justice haute, moyenne et basse, en se réservant le droit de rachat Après plusieurs autres ventes et reventes, avec réserve de rachat, l baronnie de Joux fut définitivement vendue, le 21 juin 1507, à Humber de Villeneufve, premier président au Parlement de Dijon ; il y eut pou successeurs : Charles, son fils, en 1515 et 1531 ; Théodde, fils de Charles mort en 1554 ; Rollin, frère de Théodde, du temps duquel le château d Joux, qui avait alors six tours et était considéré comme château fort fu dévasté par les bandes du baron des Adrets ; Georges, fils de Rollin en 1595 et 1637 ; Jean, fils de Georges, de 1637 à 1678 ; Alexandre, fil de Jean, de 1678 à 1732 ; Jean-Joseph de Villeneufve, fils d'Alexandre lequel mourut en 1766, laissant pour héritière Marie-Nicole de Pome de Rochefort, sa femme et nièce, morte le 26 nivôse an II, à laquell succéda son frère Jean-Joseph-Luc de Pomey ; celui-ci donna à sa fill Françoise-Thérèse, à l'occasion de son mariage avec Thomas-Jacques d Cotton, le château de Joux et la plus grande partie des domaines e dépendant. Depuis lors ce château est resté entre les mains de la famill de Cotton.

Le château de Joux est composé de deux parties bien distinctes ; l'une, entourée de murailles qui ont plus de deux mètres d'épaisseur, doit remonter à une époque fort reculée et a vu passer plus d'une guerre et d'une révolution ; l'autre date du commencement de XIXe siècle. De notables embellissements, soit à l'intérieur, soit à l'extérieur du château, ont été faits, vers 1880.

Fief de la Noyrie.

La Noyrie était un fief dépendant de la baronnerie de Joux, depuis longtemps réduit à l'état d'exploitation agricole. Il a donné son nom à une maison noble qui l'a longtemps possédé. Claude de la Noyrie, seigneur dudit lieu, fit le fief de la maison de la Noyrie et en bailla aveu et dénombrement, en 1539 ; il fut sans doute le père de Maurice de la Noyrie, dame dudit lieu, en 1576, et mariée à noble Antoine de la Roussille, aliàs de la Rossel. Le 13 juin 1584, ceux-ci vendirent à noble Georges de Villeneufve-Pompierre, baron de Joux, leur maison forte de la Noyrie, avec ses dépendances, maisons hautes, moyennes et basses, chambres, étables, galeries, granges, étableries, terres, jardin, verger, moulins, battoir à chanvre, colombiers, prés, bois de haute futaie et taillis, rentes, revenus, droits seigneuriaux, pour le prix de 2,166 écus, 2 tiers, et à la charge d'une pension annuelle due aux abbés d'Ainay de 13 écus, un tiers, au sort principal de 116 écus, 2 tiers. La Noyrie a passé, comme Joux, des Villeneufve aux familles de Pomey et de Cotton ; cette dernière vient de la vendre.

Seigneurie de Croysel.

Le 5 juin 1270, le comte de Forez, considérant les dévoués services rendus au feu comte de Forez, son père, par son cher et fidèle Jean du Vernet, chevalier, lui donne les biens et droits qu'il possède en la paroisse de Croysel, diocèse de Lyon, en cens en avoine, seigles, poulets, argent, tâches, etc.

Noble Thomas du Vernet, seigneur d'Argigny, possédait, en 1430, la seigneurie de Croysel.

La seigneurie de Croysel passa plus tard à la maison de Saint-Romain. Noble homme Rollin de Saint-Romain, damoiseau, seigneur de Valorges, l'était aussi, en 1481, de Croysel, qui appartenait, en 1537, à Jeanne de Saint-Romain, sa fille unique et héritière, mariée à Antoine de Thélis, seigneur de L'Espinasse.

Pierre de Pomey, procureur en la sénéchaussée et siège présidial de Lyon, acquit, le dernier février 1598, de noble Jean de Saint-Romain de Thélis, écuyer, seigneur de Valorges et Croysel, la seigneurie de Croysel, consistant en toute justice haute, moyenne et basse, rentes, lods, milods et autres droits seigneuriaux, moulin à blé, battoir à chanvre, terres, prés, etc. Le 8 avril suivant, Pierre Coillet prit possession de la terre et seigneurie de Croysel, au nom de Pierre de Pomey, et en reçut l'investiture des mains de Pierre de Landines, notaire royal, juge de Croysel, de Claude du Boys, procureur d'office, et de René Burnicard, notaire royal et greffier. Le même jour furent tenues les assises de la terre et juridiction de Croysel, dont les sujets promirent d'être en toute justice, sujets et justiciables de Pierre de Pomey, payant tous droits de directe, etc...

Pierre de Pomey adressa, le 13 janvier 1604, une supplique au duc de Montpensier, baron de Beaujolais, le priant de lui remettre les prétentions de justice qu'il avait sur la paroisse de Croysel. Le 23 juin suivant, le duc de Montpensier ratifia la vente que ses commissaires avaient faite à Pierre de Pomey des cens, servis et rentes qui lui appartenaient en la paroisse de Croysel, avec toute justice haute, moyenne et basse, mère, mixte et impère, droit de guet et garde et autres droits et devoirs seigneuriaux dépendant de la châtellenie de Lay.

Rollin de Sainte-Colombe, seigneur de l'Aubépin, acheta, le 8 mai 1612, de Briand de Pomey, tuteur des enfants de son fils Pierre de Pomey, la terre et seigneurie de Croisel qu'il réunit à la seigneurie de l'Aubépin. Elle consistait en maison forte, justice haute, moyenne et basse en toute la paroisse de Croisel, rentes en argent, grains, poules, lapins, charrois et manœuvrées, moulins à blé, battoir à chanvre, domaine Gillet, etc. Cette vente est passée pour 11,500 livres et 150 d'épingles.

Rollin de Sainte-Colombe donna, en 1613, le dénombrement de la terre de Croisel, consistant en une maison close, accompagnée de deux tours et d'une guérite, à un des coins en dehors, etc. La seigneurie de Croisel appartint à ses descendants jusqu'à la Révolution de 1789.

Fief de Combefort

Briand de Pomey donna, en 1597, à son fils Jean de Pomey ses maisons, domaines et rentes appelés de Combefort, paroisse du Bois-d'Oingt, qu'il avait acquis de noble Sébastien-Joachim de Rossillon de Beauretour et autres, consistant en maisons, vignes, verchères, prés, bois, terres. Vers 1617, Briand de Pomey testant, légua encore à son fils Jean de Pomey, avocat en la sénéchaussée de Lyon, sa maison de Combefort, grange, métairie et rente noble.

En 1667 et 1689, Gaspard Cachot était seigneur de Combefort.

En 1705, il avait pour successeur à Combefort son fils Charles Cachot, magistrat en la sénéchaussée et siège présidial de Lyon.

Louise Gervais de Saint-Laurent était dame de Combefort, en 1777.

M. Gervais de Saint-Laurent, colonel du régiment provincial à Paris, posséda ensuite Combefort.

Fief de la Forest

Le château et fief de la Forest est situé en la paroisse de Saint-Laurent d'Oingt, en Lyonnais ; il appartenait, vers 1500, à Jean Delet et à Philippe Delet, femme de maître Antoine Combet.

Noble André Romain était seigneur de la Forest, en 1531.

En 1574, il y avait pour successeur son fils noble Antoine Romain.

La Forest appartint ensuite à noble Perceval de la Balme, puis à noble Pompée de la Balme et à noble Prosper de Bachod, qui, de concert avec sa femme, damoiselle Philiberte de Ronchevol, vendit la Forest, le 9 mai 1608, à Benoît de Pomey, qui en fit hommage, le 19 décembre suivant, à la vicomtesse et baronne d'Oingt et donna une paire d'éperons d'or à Jean de Pied de Fer, son mari.

Benoît de Pomey laissa la Forest à son neveu Hugues de Pomey, prévôt des marchands de Lyon, qui la légua à son cousin et filleul autre Hugues de Pomey ; le 10 novembre 1699, celui-ci vendit à Claude des Portes, bourgeois de Lyon, le fief et maison forte de la Forest, domaines et dépendances, situés sur Saint-Laurent-d'Oingt, le Bois-d'Oingt, Saint-Véran et autres paroisses, les pensions, les rentes de Combefort, de Dorrieu, de la Forest ou la Mollière, les droits seigneuriaux, la chapelle, le banc dépendant du fief de la Forest étant dans l'église du Bois-d'Oingt, pour le prix de 17.500 livres et 280 d'étrennes.

Claude des Portes rebâtit la Forest et y eut pour successeur son fils noble Nicolas des Portes, maître particulier des eaux et forêts de Lyon.

Fief de Saint-Trivier

Le fief de Saint-Trivier, en la paroisse d'Irigny, appartenait, en 1550, à noble homme Pierre de Regnauld, bourgeois de Paris, qui vendit, le 22 mai 1585, cette maison noble à noble Nicolas de Verrazano, Florentin.

Lucresse de Verrazano, sa fille, apporta ce fief en dot à son mari noble Orlandin Orlandini, seigneur de Saint-Trivier en 1598 et 1601, père d'Alexandre Orlandini, seigneur de Saint-Trivier, vers 1650.

Saint-Trivier passa ensuite, par alliances successives, aux familles de Villeneufve de Joux et de Pomey de Rochefort.

Vers 1767, le fief de Saint-Trivier se composait d'une maison de maître, ayant quatre pièces à chaque étage, d'une maison pour le granger et ses dépendances, d'une dîme et de 51 bicherées et demie en vignes, terres, prés, pasquerages, saulées, etc.

En 1767, Marie-Nicole de Pomey, veuve de Jean-Joseph de Villeneufve, baron de Joux, Jean-Joseph-Luc de Pomey, seigneur de Rochefort, et Paule de Pomey vendirent, pour 24.000 livres, leur fief de Saint-Trivier à Benoît Poculot, négociant de Lyon, mais cette vente fut annulée. Le 10 avril 1772, ils passèrent vente, pour 23.000 livres à Melchior Pernolet, marchand traiteur à Lyon, de la maison et domaine de Saint-Trivier situés sur Irigny et Vernaison.

Fief de Rancé-sur-Genay

Le château de Rancé est situé dans une belle position dans la paroisse de Genay, en Franc-Lyonnais, à peu de distance de Neuville-sur-Saône, il jouit d'une vue agréable sur le Mont-d'Or lyonnais.

Le fief de Rancé était possédé, vers l'an 1500, par la maison de Saint-Symphorien ; il appartint ensuite à Pierre Armand de Genay qui le passa à sa fille Jeanne Armand, femme, en 1532,, de noble Philippe de Rancé, écuyer, seigneur de Gletteins.

Le 12 février 1604, vente fut passée par noble Alexandre de Gletteins, aliàs de Rancé, chanoine des églises collégiales de Saint-Paul et de Saint-Just de Lyon, seigneur de la maison forte de Genay, appelée Rancé-sur-Genay, lequel désirait améliorer sa situation et s'acquitter envers noble François de Valencienne, fils et héritier de feu Françoise de Gletteins, sa sœur germaine, envers noble Jean-Jacques Arod, sieur de Montmelas, et demoiselle Christine de Gletteins, sa femme, nièce dudit vendeur, et envers noble Antoine de Varennes, seigneur de Rappetour, et demoiselle Antoinette de Gletteins, sa femme, nièce dudit vendeur, lesdites Christine et Antoinette de Gletteins, filles et héritières de feu noble Philibert de Gletteins, aliàs de Rancé, sieur de Gletteins, mort en 1586, au profit de Jean de Pomey, avocat ès cours de Lyon, à savoir de ladite maison noble de Rancé, située à Genay, qui fut jadis des sieurs Armand, prédécesseurs maternels dudit vendeur et auparavant des Saint-Symphorien, aliàs de Chamosset, qui l'ont toujours tenue et possédée noblement, ladite vente passée pour le prix de 9.300 livres tournois.

Le 18 octobre 1604, Jean de Pomey afferma la rente noble de Rancé, due à Genay, Civrieux, Saint-Jean-de-Thurignieu, Reyrieux, Parcieux, etc.

Hugues de Pomey, prévôt des marchands de Lyon, fils dudit Jean, le 7 avril 1677, l'aveu et dénombrement de Rancé.

Hugues de Pomey, son cousin, filleul et héritier, vendit, 10 septembre 1699, le fief de Rancé à Claude Flurant, moyenn 27.500 livres et 500 d'étrennes.

De la famille Flurant, qui prit le nom de ce fief, Rancé a passé, par alliance, dans la maison du Peloux de Praron.

Rancé appartient aujourd'hui au comte Ludovic du Peloux de Prar

Indication succincte de la postérité des ancêtres figurant dans le tableau ci-après, celle des Pomey exceptée.

LIGNE PATERNELLE

1er degré	2e degré	3e degré	4e degré	5e degré	6e degré
Hippolyte de Pomey de Rochefort	Jean de Pomey de Rochefort	Jean-Joseph-Luc-de Pomey de Rochefort	Jacques de Pomey de Rochefort	Hugues de Pomey	Jean de Pomey Charlotte Perrodon
				Paule de Chambaud de Bavas	Jacques de Chambaud de Bavas Anne du Fournel
			Marie-Charlotte de Villeneufve	Alexandre de Villeneufve, baron de Joux	Jean de Villeneuve, baron de Joux Marie-Suzanne Orlandini
				Marie-Nicole Le Boucher de Beauregard	
		Claudine-Sulpice de Ferrus	Barthélemy de Ferrus	Barthélemy de Ferrus	Barthélemy de Ferrus Jacqueline de Malo du Bousquet
				Claudine-Sulpice Bottu de la Barmondière de St-Fonds	Jean Bottu de Saint-Fonds. Catherine Donguy.
			Elisabeth-Marie Giraud de Monbellet	Georges Giraud, baron de Montbellet	Jean Giraud, baron de Montbellet Jeanne Hesseler.
				Marie-Françoise Durret	Jean Durret de Grigny. Elisabeth Richer
	Jeanne-Marie-Eugénie de Musy	François-Louis de Musy	Lazare de Muzy de Vauzelles	François de Musy de Vauzelles	Etienne de Musy de Vauzelles Catherine de Tircuy de Corcelle
				Marie-Madeleine Uchard de Niermont	François Uchard de Niermont
			Jeanne-Marie de Truchis	Henri de Truchis	Jacob de Truchis Dorothée Armet
				Elisabeth Le Sage	Jean ou Isaac Le Sage Marie Perrault
		Marie-Gabrielle de Certaines	Pierre-Jean, comte de Certaines	Gabriel-François, comte de Certaines	Edme de Certaines Marie Pitoys
				Françoise de Lenferna.	Charles de Lenferna Barbe d'Anstrude
			Anne-Françoise de Cotignon	Edme-Roger de Cotignon.	Jean-François de Cotignon Marguerite de Courvol
				Amable d'Anguy.	Philibert d'Anguy Françoise de Courvol

LIGNE MATERNELLE

1er degré	2e degré	3e degré	4e degré	5e degré	6e degré
Pauline Ravel de Malval	Auguste Ravel de Malval	Claude Ravel, baron de Montagny	Jacques Ravel	Claude Ravel	Jacques Ravel Catherine Mollin
				Marie Bonnand	François Bonnand Claudine Bouchardon
			Claudine-Thècle Jourjon	Simon Jourjon	Mathieu Jourjon Marie Barallon
				Anne Martin	Jean Martin Fleurie Gierbod
		Françoise-Victoire Garnier de Chambroy	Jean-Baptiste Garnier de Chambroy	Michel Garnier	Claude Garnier Marie Piccot
				Marguerite Chassipol	Laurent Chassipol. Jeanne Gravier.
			Françoise Colombet	Marc-Antoine Colombet	François Colombet Françoise Barbier
				Jeanne Vérot	Barthélemy Vérot Marguerite Clavel
	Claire Joséphine Baboin de la Barollière	Romain Baboin de la Barollière	Joseph Baboin	François Baboin	
				Catherine Mignot	
			Claire Forcheron	Claude Forcheron	
				Claire Joly	
		Marguerite Sauzet	Jean-Pierre Sauzet	Jean Sauzet	Martial Sauzet Marie d'Aguzan
				Louise d'Auxion	
			Antoinette Ballyat	Claude Ballyat.	Jean Ballyat Françoise Chapotton, dite Murat
				Claudine Martin	Jean Martin Antoinette Pourrat

CHAPITRE IV

AVEL. — I. Jacques Ravel, demeurant à Saint-Didier-en-Velay, épousa, en 1682, Catherine Mollin, dont il eut :

II. Claude Ravel, demeurant au même lieu, marié, en 1715, à Marie Bonnand, dont :

III. Jacques Ravel, né en 1716, baron de Montagny, seigneur de Montravel et autres lieux, échevin de Saint-Etienne, receveur des consignations et commissaire aux saisies réelles au bailliage de Vienne, secrétaire du Roi à Lyon, en 1771, mort en 1776. Il épousa, en 1737, Claudine-Thècle Jourjon, née en 1719, morte en 1772, dont :

1° Marguerite, mariée à 18 ans, en 1758, à Jean-François Thiollière de L'Isle, secrétaire du Roi (voir note 13) ;

2° Louise, mariée, en 1762, à Antoine Salichon, demeurant à Lisbonne (v. note 14);

3° Claude, qui suit;

4° Jean-Baptiste Ravel-la-Terrasse, né en 1747, seigneur de Montravel;

5° Marianne, née en 1748, mariée, en 1767, à Eustache Neyrand, demeurant à Saint-Chamond, secrétaire du Roi, mort en 1812 (v. note 15);

6° Agathe, née en 1750, mariée, en 1767, à Antoine Neyrand, secrétaire du Roi, mort en 1830 (v. note 16);

7° Anne, née en 1751, mariée, en 1769, à Pierre-Guillaume Royet (v. note 17).

IV. Claude Ravel, baron de Montagny, seigneur de Malval, né en 1744, épousa d'abord, en 1777, Marie de Challaye, dont :

1° Jean-Baptiste Ravel de Montagny, né en 1778, marié, en 1805, à Françoise-Louise de Ferrus de Plantigny, morte en 1825 (v. note 18);

2° Pierre-Camille, née en 1781, mort en 1803;

3° Nicole-Hortense, née en 1783, morte en 1869, mariée, en 1801, à Jean-Baptiste-Joseph Courtin de Neufbourg, mort en 1847 (v. note 19). Claude Ravel se remaria, en 1785, à Françoise-Victoire Garnier de Chambroy, née en 1749, dont il eut :

4° Auguste Ravel de Malval, qui suit.

V. Auguste Ravel de Malval, né en 1792, mort en 1880, épousa, en 1813, Claire-Joséphine Baboin de la Barollière, dont :

1° Hortense, religieuse du Sacré-Cœur ;

2° Alphonse, mort asphyxié à Lyon, en 1826 ;

3° *Pauline, mariée à Hippolyte de Pomey de Rochefort ;*

4° Edouard, marié à Eugénie-Charlotte Bodin (v. note 20).

DE MUSY. — I. Etienne de Musy, seigneur de Vauzelles et de Mussery, épousa, en 1665, Catherine de Tircuy de Corcelle, dont :

II. François de Musy, seigneur de Vauzelles, Mussery, Couches et Communes, né en 1673, marié, en 1706, à Marie-Madeleine Uchard de Niermont, veuve de Louis Perret, avocat en Parlement, procureur du Roi en l'élection de Bresse, dont :

1° Lazare, qui suit ;

2° Etienne, capitaine au régiment de Piémont, marié à Catherine Bailly, veuve et héritière de Philibert du Puy des Falcons, seigneur de l'Hôpital-le-Mercier ;

3° Camille, né en 1710, demeurant à Chamelet, en Beaujolais, seigneur de l'Hôpital-le-Mercier, Larre et la Barre, marié, en 1740, à Elisabeth d'Arcy de Montfriol (v. note 21).

III. Lazare de Musy, né en 1708, seigneur de Vauzelles, épousa, en 1735, Jeanne-Marie de Truchis, née en 1704, dont :

1° François-Louis, qui suit ;

2° Jeanne-Marie, mariée à Philibert de Montagu, seigneur de la Tour-Guérin, à Couches, ancien mousquetaire (v. note 22) ;

3° Madeleine, non mariée ;

4° Judith, sans alliance.

IV. François-Louis de Musy de Truchis, comte de Musy, seigneur de Vauzelles, Saint-Martin-de-Communes, l'Hôpital-le-Mercier, Larre et la Barre, né en 1737, élève de la pension d'Effiat, page de Louis XV, officier de carabiniers, blessé à la bataille de Minden, mourut en 1825 ; il épousa d'abord, en 1765, Pétronille de Sautereau, dont il n'eut pas de postérité, il se remaria, en 1782, à Marie-Gabrielle de Certaines, morte en 1812, dont :

1° Charles, comte de Musy, mort à 77 ans, en 1877, marié, en 1823 ; à Armance Costa de Beauregard, morte à 71 ans, en 1875 (v. note 23).

2° *Jeanne-Marie-Eugénie, mariée à Jean de Pomey de Rochefort ;*

3° Jeanne-Constance, morte en 1838, mariée, en 1805, à Jean-Baptiste-Victor de la Rochette, mort en 1822 (v. note 24) ;

4° Françoise-Joséphine, mariée, en 1807, à Gaspard-Ferdinand, comte de Brotty d'Antioche, chevalier des saints Maurice et Lazare, capitaine au régiment de Savoie, gentilhomme de la Chambre du Roi de Sardaigne, né en 1783, mort en 1852 (v. note 25) ;

5° Jeanne-Hélène, morte en 1864, mariée, en 1811, à Paul-Camille, comte d'Anglars de Bassignac, mort en 1863 (v. note 26).

BABOIN. — I. Baboin eut de

II. François Baboin, demeurant en 1755 à Saint-Romain-d'Albon qui eut de Catherine Mignot :

III. Joseph Baboin, habitant à Saint-Romain-d'Albon, mort en 1786, marié, en 1755, à Claire Forcheron, morte en 1805, dont :

1° Joseph-Raymond, né en 1758, marié d'abord à Françoise Vallet (v. note 27), puis en 1820, à Jeanne-Françoise Boussan (v. note 28);

2° Florent, né en 1763, mort en 1846, marié à Pétronille Miège, vivant en 1813 (v. note 29) ;

3° Romain, qui suit ;

4° Appollonie, née en 1768, mariée à Jean-Baptiste-Guillaume Sauzet (v. note 30) ;

5° Claire, née en 1765, morte en 1837, mariée, en 1791, à Jean-François Robert, habitant à Iseron, près Saint-Marcellin (Isère), né en 1763, mort en 1835 (v. note 31) ;

6° Benjamin, né en 1774, mort en 1853, marié en 1802, à Cécile-Justine Jacob, née en 1780, et morte sans postérité, en 1819 ;

7° Claire-Catherine, née en 1756, mariée, en 1780, à Joseph-Edmond Gril, du Grand-Serre, en Dauphiné (v. note 31 *bis*).

IV. Romain Baboin de la Barollière, né en 1765, mort en 1837 eut de Marguerite Sauzet, morte en 1860 :

1° Romain-Joseph, marié à   Boutaud de la Villeléon, tous deux morts sans postérité;

2° Adèle, née en 1792, morte en 1863, mariée, en 1810, à Sébastien Gaillard, né en 1776, mort en 1822 (V. note 32);

3° *Claire-Joséphine, mariée à Auguste Ravel de Malval.*

DE FERRUS. — I. Barthélemy de Ferrus, seigneur de la Chaud, conseiller en la sénéchaussée et siège présidial de Lyon en 1670, testa en 1689 et épousa, en 1671, Jacqueline de Malo du Bousquet, morte à 65 ans, en 1705, dont :

1° Barthélemy, qui suit ;

2° Jeanne, née en 1673, morte en 1712, mariée, en 1706, à Claude-Chrysanthe de Crémeaux, marquis de la Grange (v. note 33) ;

3° Pierre, né en 1680, chanoine d'Ainay, mort en 1741 ;

4° Louise, carmélite, née en 1684.

II. Barthelemy de Ferrus, seigneur de Cucurieux et Vendranges, capitaine au régiment de Picardie et des Forces de la ville de Lyon, né en 1672, mort en 1751, épousa, en 1709, Claudine-Sulpice Bottu de la Barmondière de Saint-Fonds, née en 1685, morte en 1751, dont :

1° Barthélemy, qui suit ;

2° Henri, né en 1714, major au régiment de la Dauphine ;

3° François-Etienne, né en 1715, chevalier de Saint-Louis, commissaire-ordonnateur d'artillerie ;

4° Hugues-Louis de Ferrus de Vendranges, né en 1717, seigneur de Plantigny et de Montgiraud, par sa femme Jacqueline-Françoise de Prohenques de Plantigny, qu'il épousa en 1760 (v. note 34);

5° Joseph-Marie, né en 1728, lientenant au régiment de Luxembourg.

III. Barthélemy de Ferrus, né en 1713, seigneur de Cucurieux et Vendranges, testa en 1780, et épousa d'abord, en 1744, Elisabeth Giraud de Montbellet, née en 1722, dont:

1° *Claudine-Sulpice, femme de Jean-Joseph-Luc de Pomey.*

Barthélemy de Ferrus se remaria avec Marie-Emilie-Lucile Palerne, qui testa en 1756 et dont il eut :

2° Barthélemy-Hugues de Ferrus de Vendranges, né en 1755, seigneur de Cucurieux et Vendranges, chevau-léger de la Garde du Roi, marié, en 1782, à Marie de Fournillon de Buttery (v. note 35).

GARNIER. — I. Claude Garnier, mort avant 1685, demeurant à Lyon, eut de Marie Piccot :

II. Michel Garnier, né en 1655, mort avant 1735, habitant de Lyon, qui épousa, en 1685, Marguerite Chassipol, morte en 1742, dont :

III. Jean-Baptiste Garnier, seigneur de Chambroy, docteur ès droits, avocat en parlement et ès cours de Lyon, échevin de cette ville en 1750 et 1751, marié, en 1735, à Françoise Colombet, dont:

1° Marie Garnier de Boissonne, née en 1738, mariée en 1759, à Paul Barbier des Landes, seigneur de Charly, Vernaison et Moleize, né en 1731, secrétaire du Roi, conseiller à la Cour des Monnaies de Lyon (v. note 36) ;

2° *Gabrielle-Françoise-Victoire, mariée à Claude Ravel de Montagny ;*

3° Jean-Louis Garnier de Chambroy, né en 1739, avocat en parlement et ès cours de Lyon ;

4° Pierre-Philippe-Lyon, né en 1750, officier des grenadiers royaux, demeurant à Quincieu, en Lyonnais, marié, en 1788, à Claire Berger;

5° Jean-Emmanuel Garnier de Rixès;

6° Pierre Garnier de la Cossonnière, né en 1743.

DE CERTAINES. — I. Edme de Certaines, capitaine de vaisseau, chevalier de Saint-Louis, seigneur de Villemolin, épousa, en 1652, Marie Pitoys, dame de Quincize, veuve de Michel de Torcy, seigneur de Lantilly et de Céron, qu'elle avait épousé en 1646; il en eut:

1° Gabriel-François, qui suit:

2° Charles-Marie, marié d'abord à Marie Le Bascle, puis à Marguerite du Crost; il mourut en 1725, sans postérité;

3° Louis, tué à Steinkerque;

4° Etienne-Elie, seigneur de Fricambault;

5° Jean, tué à Steinkerque.

II. Gabriel-François, comte de Certaines, seigneur de Villemolin, chevalier de Saint-Louis, major au régiment de Condé-Dragons, pensionnaire du Roi, mort en 1730, épousa, en 1714, Françoise de Lenferna, morte en 1773, dont:

1° Armand, seigneur de Louvrault, marié, en 1756, à Jeanne-Catherine de Bretagne (v. note 37);

2° Pierre-Jean, qui suit;

3° Anne-Gabrielle, née en 1724, religieuse, morte en 1799.

III. Pierre-Jean, comte de Certaines, seigneur de Certaines, Villemolin, etc., cornette aux dragons d'Egmont, né en 1730, mort en 1800, épousa, en 1751, Anne-Françoise de Cotignon de la Motte, dame de Mouasse, née en 1732, morte en 1764, dont :

1° Edme-François Roger, né en 1753, mort en 1772 ;

2° Pierre-Constant, marquis de Certaines, seigneur de Villemolin, né en 1761, mort en 1831, marié, en 1788, à Marie-Anne-Françoise Walsh de Serrant, morte en 1801 (v. note 38);

3° Anne-Françoise, née en 1759, morte en 1852, mariée, en 1797, à Marie-Etienne, baron de Maillé de la Tour-Landry, sans postérité ;

4° Françoise-Claudine, dite mademoiselle d'Ully, née en 1763, chanoinesse de Leigneux;

5° Jeanne-Françoise, née en 1756, chanoinesse de Leigneux en 1789 ;

6° *Marie-Gabrielle, mariée à François-Louis, comte de Musy.*

SAUZET. — I. Martial Sauzet, demeurant en Gascogne, né en 1666, mort en 1732, épousa, en 1703, Marie d'Aguzan, dont :

II. Jean Sauzet, né en 1707, marié, en 1729, à Louise d'Auxion, morte en 1759, dont :

1° Guillaume, né en 1730, curé de Saint-Martin-en-Hours, en 1764, bachelier en théologie, vicaire de l'abbaye de Gimont, mort en 1812 ;

2° Joseph ;

3° Marie, fille de la Charité ;

4° Jean-Pierre, qui suit ;

5° Dominique, curé ;

6° Marguerite, morte en 1795 ;

7° Reimond, curé de Sainte-Marie, mort en 1804 ;

8° Marie, née en 1746, morte en 1766.

III. Jean-Pierre Sauzet, établi, dès 1760, à Lyon, où il fut un chirurgien distingué, mort en 1807, épousa, en 1764, Antoinette Ballyat, née en 1744, dont :

1° *Marguerite, mariée à Romain Baboin de la Barollière ;*

2° Jean-Baptiste-Guillaume, né en 1765, mort en 1844, médecin principal dans l'armée de Sambre-et-Meuse, médecin de l'Hôtel-Dieu et médecin en chef de la Charité à Lyon, chevalier du Lys, marié, en 1796, à Appollonie Baboin (v. note 30).

DE VILLENEUFVE. — I. Jean de Villeneufve, comte de la Bâtie, baron de Joux-sur-Tarare et de Langes, en Nivernais, mourut, en 1678, à 62 ans. Il se maria d'abord à Marie Thierry, veuve de Jacques de Villeneufve, son frère, puis, en 1639, à Marie de Baillon, dame de Jons, ensuite à Marie-Suzanne Orlandini, dame de Saint-Trivier, à Irigny ; il eut de celle-ci :

1° Alexandre, qui suit.

Il eut pour quatrième femme, par contrat de 1670, Marceline de Montrichard, morte en 1704, dont :

2° Marguerite, morte en 1742, à 71 ans.

III. Alexandre de Villeneufve, baron de Joux, seigneur de Langes et Saint-Trivier, né en 1645, mort en 1732, épousa Marie-Nicole Le Boucher de Beauregard, qui testa en 1742 ; il en eut :

1° *Marie-Charlotte, mariée à Jacques de Pomey de Rochefort.*

2° Jean-Joseph, baron de Joux, seigneur de Langes, mort en 1766 ; il épousa d'abord, en 1724, Lucrèce de Foudras de Courcenay, qui testa en 1742 ; puis, en 1745, sa nièce Marie-Nicole de Pomey de Rochefort. Il mourut sans postérité le dernier de sa race.

JOURJON. — I. Mathieu Jourjon eut de Marie Barallon :

1° Claude, marié, en 1697, à Marie Dupin ;

2° Simond, qui suit ;

3° Guy, aliàs Mathieu, marié à Jeanne Duchon ;

4° Claudine, mariée à Jean Griottier.

II. Simond Jourjon, entrepreneur des armes pour le Roi à Saint-Etienne, en Forez, testa en 1752 ; il épousa d'abord Clémence Virieu, dont :

1° Jean-Baptiste, marié, en 1746, à Catherine Turge (v. note 39).
Simond Jourjon se remaria, en 1707, à Anne Martin, qui testa, en 1759, et dont il eut :

2° Claude-Simond, né en 1717, entrepreneur des armes à Saint-Etienne, marié, en 1745, à Marie-Anne Thiollière, née en 1724 ;

3° Jean-Fleury, né en 1721, demeurant à Saint-Etienne, marié, en 1749, à Agathe Gonnon (v. note 40) ;

4° Mathieu-André, né en 1725, héraut d'armes de France, demeurant à Saint-Etienne en 1782, marié, en 1746, à Jeanne Simond, et remarié, en 1758, à Catherine Royet (v. note 41);

5° Louise, née en 1710, mariée, en 1731, à Claude de la Cour, échevin de Saint-Etienne (v. note 42);

6° *Claudine-Thècle, mariée à Jacques Ravel;*

7° Louise, née en 1723, mariée, en 1746, à Pierre Veyrier, demeurant à Lyon;

8° Jean-Joseph, né en 1713, prêtre de Saint-Etienne, vivant en 1782;

9° Antoine-Dominique, né en 1716, prêtre, religieux dominicain du couvent d'Aubenas.

10° Jeanne-Marie, née en 1712, visitandine à Saint-Etienne.

DE TRUCHIS. — I. Jacob de Truchis, mort en 1696, seigneur du Môle, épousa d'abord, en 1672, Dorothée Armet, sa cousine, morte en 1679, dont :

1° Charles, né en 1676, prêtre, docteur de Sorbonne, chanoine et archidiacre de l'église de Chartres, en 1740;

2° Henri, qui suit.
Jacob de Truchis eut de sa seconde femme Antoinette Bourée, veuve de Philippe Calard, qu'il épousa en 1688 :

3° Nicolas, seigneur de Frontenard, né en 1692, mort en 1758, marié, en 1718, à Madeleine Charlent, morte en 1758 (v. note 43).

II. Henri de Truchis, né en 1677, seigneur du Môle et Commune, testa en 1723; il épousa, en 1701, Elisabeth Le Sage, morte en 1712, et se remaria, en 1717, à Louise du Puis; il eut de la première :

1° François, baron du Môle, seigneur de Commune, né en 1705, mort en 1762 ; il mourut célibataire ;

2° *Jeanne-Marie, mariée à Lazare de Musy ;*

3° Charlotte, née en 1702, mariée, en 1731, à Jacques-Gabriel de Magnien, seigneur de Chailly (v. note 44).

FORCHERON. — I. Forcheron eut de

II. Claude Forcheron, marié, vers 1730, à Claire Joly, dont :

1° Forcheron, curé de Claveyson, mort avant 1815 ;

2° *Claire, mariée à Joseph Baboin ;*

3° Pierre, mort, en 1816, à 70 ans, marié à (v. note 45) ;

4° Joseph, mort, en 1837, à 83 ans, marié à Claire de Holle, morte en 1842 ;

5° , marié à (v. note 46).

6° Claude, marié à Marie Ivrad (v. note 47).

GIRAUD DE MONTBELLET. — I. Jean Giraud, seigneur de Saint-Oyen, baron de Montbellet, conseiller en la cour des monnaies de Lyon, échevin de cette ville en 1694 et 1695, naquit en 1653 et mourut en 1716 ; il épousa, en 1686, Jeanne Hesseler, morte en 1698, dont :

1° Georges, qui suit ;

2° Jean Giraud de Saint-Trys, seigneur de Chambost, mort en 1750, à 66 ans ;

3° Jean-Baptiste Giraud de Saint-Oyen de Saint-Trys, seigneur de Saint-Aubin, né en 1690, mort en 1772.

II. Georges Giraud, baron de Montbellet, seigneur de Saint-Trys, conseiller en la cour des monnaies de Lyon, né en 1687, testa en 1750; il épousa, en 1718, Marie-Françoise Durret, vivant encore en 1769, dont :

1° Marie, née en 1719, mariée, en 1742, à Jean-François de Fournillon de Buttery, seigneur de Buttery et Chervé, capitaine au régiment royal des vaisseaux-infanterie (v. note 48);

2° *Elisabeth, mariée à Barthélemy de Ferrus ;*

3° Françoise-Thérèse, née en 1723, mariée, en 1746, à Henri-Frédéric de la Pimpie, seigneur de Granoux (v. note 49);

4° Marie-Françoise, née en 1724, morte en 1761 ;

5° Jeanne-Louise-Gabrielle, née en 1725, mariée, en 1749, à Pierre Trocu de la Croze d'Argil, chevalier de Saint-Louis, baron du Bourg-Saint-Christophe et Faramant, seigneur de la Croze, capitaine au régiment de Navarre (v. note 50);

6° Gabrielle, née en 1727, religieuse ursuline à Lyon ;

7° Gabrielle, née en 1731, mariée, en 1750, à Antoine Bérardier ;

8° Jean, baron de Montbellet, né en 1729, chevalier d'honneur à la Chambre des comptes de Bourgogne, marié, en 1760, à Claudine-Barthélemie Croppet de Varissan (v. note 51).

COLOMBET. — I. François Colombet, demeurant à Lyon, eut de Françoise Barbier :

II. Marc-Antoine Colombet, trésorier de France à Lyon, marié, en 1719, à Jeanne Vérot, dont :

1° *François, marié à Jean-Baptiste Garnier.*

DE COTIGNON. — I. Jean-François de Cotignon, seigneur de Mouasse et de la Fosse, né en 1667, épousa d'abord, en 1691, Marguerite de Courvol, morte en 1718, puis, en 1719, Renée de la Barre. Il eut de la première :

1° Michel-Victor, né en 1693, lieutenant au régiment d'Agénois, mort célibataire en 1717 ;

2° François-César, né en 1695, mort, sans alliance, en 1747 ;

3° Edme-Roger, qui suit ;

4° François-René, né en 1700, chanoine de Nevers ;

5° Marie-Jeanne, née en 1707, mariée, en 1735, à Gabriel de la Venne, seigneur d'Olcy, dont plusieurs enfants, tous morts jeunes.

II. Edme-Roger de Cotignon, né en 1697, seigneur de la Motte, Mouasse et la Fosse, épousa d'abord, en 1729, Amable d'Anguy, morte en 1736, puis, en 1743, Louise Le Roy ; il eut du premier lit :

1° *Anne-Françoise, mariée à Pierre-Jean de Certaines.*

BALLYAT. — Jean Ballyat, maître chirurgien à Lyon, né en 1682, mort en 1752, épousa d'abord Françoise Chapotton, dite Murat, morte en 1735, dont il eut douze enfants ; puis, en 1735, Laurence Malliet, morte en 1741, dont un enfant; enfin, en 1745, Marguerite Piron, dont deux enfants. Parmi ceux du premier lit furent :

1° Claude qui suit ;

2° Marie-Antoinette, née en 1722, mariée, en 1743, à Claude Brochet.

II. Claude Ballyat, maître chirurgien à Lyon, né en 1719, épousa, en 1743, Claudine Martin, morte, en 1787, à 64 ans, dont dix-sept enfants, entre autres :

1° *Antoinette, mariée à Jean-Pierre Sauzet ;*

2° Gabrielle-Emilie, née en 1753, mariée, en 1778, à Denis Martin.

DE CHAMBAUD DE BAVAS. — I. Jacques de Chambaud, seigneur de Bavas et de la Combe, en Vivarais, épousa, en 1660, Anne du Fournel, veuve d'Alexandre de la Roue, dont :

1° *Paule, mariée à Hugues de Pomey ;*

2° François, seigneur de Bavas, mort, en 1731, sans alliance.

BONNAND. — I. François Bonnand, demeurant à Saint-Didier, en Velay, eut de Claudine Bouchardon :

1° Claude, marié à Claudine Harand (v. note 52) ;

2° François, demeurant à Saint-Etienne, qui testa en 1737 et épousa, en 1724, Marguerite Vincent ;

3° Marie-Rose, femme de Claude Bayon, procureur de la ville de Saint-Didier, en Velay ;

4° *Marie, mariée à Claude Ravel.*

UCHARD. — I. François Uchard, seigneur de Niermont eut de

1° *Marie-Madeleine, mariée* d'abord à Louis Perret, avocat et procureur du Roi en l'élection de Bresse, puis à *François de Musy.*

BOTTU DE LA BARMONDIÈRE DE SAINT-FONDS. — I. Jean Bottu de la Barmondière, seigneur de Saint-Fonds et de Limas, échevin de Villefranche en 1682, mort en 1686, épousa, en 1670, Catherine Donguy, morte, à 47 ans, en 1703, dont :

1° *Claudine-Sulpice, mariée à Barthélemy de Ferrus ;*

2° François, seigneur de Saint-Fonds et Limas, membre de l'Académie de Lyon, subdélégué de l'Intendant en Beaujolais, en 1732, lieutenant particulier civil et criminel au bailliage de Beaujolais, né en 1675 et mort en 1739, marié, en 1705, à Marthe Bertin, morte en 1749 (v. note 53) ;

3° Louis, né en 1677, un des principaux fondateurs de l'Académie de Villefranche ;

4° Henriette-Marguerite, née en 1677, religieuse au couvent de Sainte-Elisabeth de Villefranche ;

5° Marie-Marguerite, née en 1678, religieuse ;

6° Elisabeth, née en 1680, religieuse ;

7° Catherine-Henriette, née en 1683, religieuse ;

8° Laurent, né en 1686, lieutenant.

CHASSIPOL. — I. Laurent Chassipol, demeurant à Lyon, eut de Jeanne Gravier :

1° *Marguerite Chassipol, mariée à Michel Garnier.*

DE LENFERNA. — I. Charles de Lenferna, seigneur de la Resle, né en 1660, épousa, en 1692, Barbe d'Anstrude, dont :

1° Gabriel-André, seigneur de la Resle, né en 1695, mort en 1769, marié, en 1732, à Constance-Antoinette de Massol, morte en 1768 (v. note 54) ;

2° Charles-Roch, seigneur de la Resle, né en 1703, marié, en 1730, à Henriette-Françoise Le Vuyt de Vaumort (v. note 55) ;

3° *Françoise-Jeanne, mariée à Gabriel-François de Certaines.*

D'AUXION. — I. d'Auxion eut de

1° *Louise d'Auxion, mariée à Jean Sauzet.*

LE BOUCHER DE BEAUREGARD. — I. Le Boucher de Beauregard eut de

1° *Marie-Nicole, mariée à Alexandre de Villeneufve.*

MARTIN. — I. Jean Martin eut de Fleurie Gierbod :

1° *Anne Martin, mariée à Simond Jourjon.*

LE SAGE. — I. Jean, aliàs Isaac Le Sage, seigneur de Commune, eut de Marie Perrault :

1° *Elisabeth, mariée à Henri de Truchis.*

JOLY. — I. Joly eut de

1° *Claire-Joly, mariée à Claude Forcheron.*

DURRET. — I. Jean Durret, né en 1665, premier président au bureau des finances de Lyon, seigneur de Grigny, épousa, en 1694, Elisabeth Richer, qui testa en 1741, dont :

1° *Marie-Françoise, mariée à Georges Giraud de Montbellet.*

2° Jeanne, née en 1697, religieuse professe au monastère de Sainte-Elisabeth de Lyon ;

3° Françoise-Thérèse, mariée, en 1727, à Guillaume Charrier de la Roche, seigneur de Chénas, président en la Cour des monnaies de Lyon, lieutenant particulier en la sénéchaussée (v. note 56).

VÉROT. — I. Barthélemy Vérot, habitant de Lyon, né en 1658, mort en 1719, eut de Marguerite Clavel :

1° *Jeanne, mariée à Marc-Antoine Colombet ;*

2° Marie, mariée, en 1601, à Léonard Borne, seigneur de la Vaure et du Buisson, échevin de Lyon en 1713 et 1714, mort en 1725 (v. note 57) ;

3° Louise, mariée, en 1713, à Jean-Baptiste Cusset, échevin de Lyon en 1724 et 1725, secrétaire du Roi, seigneur de Marlieux et Montrozard (v. note 58).

D'ANGUY. — I. Philibert d'Anguy, seigneur de Monteuillon et LAché, épousa, en 1682, Françoise de Courvol, dont :

1° *Amable, mariée à Edme-Roger de Colignon.*

MARTIN. — I. Jean Martin, demeurant à Lyon, épousa d'abord Marie Montet, dont :

1° Barnabé, prêtre à Lyon.

Il eut trois enfants de Antoinette Pourra, sa seconde femme, entre autres :

2° *Claudine, mariée à Claude Ballyat.*

DU FOURNEL. — I. *Anne du Fournel,* remariée à Jacques de Chambaud de Bavas, eut d'*Alexandre de la Roue,* demeurant à Lyon :

1° Jeanne de la Roue, née en 1647, morte en 1687, mariée, en 1662, à Jacques Michel, écuyer, seigneur de la Tour des Champs, receveur des consignations (v. note 59) ;

2° Jean-Baptiste de la Roue, né en 1649, échevin de Lyon en 1700 et 1701, seigneur de Chavanes et Triamen, par sa femme Madeleine Lagier, qu'il épousa en 1673 (v. note 60).

Complément abrégé du chapitre précédent

CHAPITRE V

13. Marguerite RAVEL eut de Jean-François THIOLLIÈRE DE L'ISLE :

aa. Jeanne Thiollière, née en 1760, mariée d'abord à Pierre Paillon, dont elle n'eut point d'enfants, puis, en 1781, à André David, né en 1755, mort en 1823, conseiller au bailliage de Forez, dont entre autres enfants :

ba. Marie-Thérèse David, née en 1782, morte en 1844, mariée, en 1803, à Amédée Savoye, né en 1774, dont :

ca. Amédée-Jean Savoye, né en 1804, mort en 1878, marié, en 1855, à Félicie Hervier de Romans, morte en 1859, dont :

da. André Savoye, marié, en 1893, à Mathilde Villette dont : Amédée et André Savoye ;

cb. Victor Savoye, né en 1812, mort en 1887 ;

bb. Jean-Baptiste-François David, né en 1782, mort en 1855, marié, en 1820, à Jeanne-Aubine de Sauzéa, dont :

ca. André David, mort en 1894, marié, en 1849, à Marie-Anne Colcombet, morte en 1881, dont :

da. Jean David, marié, en 1876, à Louise Balaÿ, dont : Antoine et André David ;

db. Lucie David, religieuse au couvent de l'Adoration ;

dc. Anne David, fille de la Charité, morte en 1884 ;

dd. André David ;

de. Adrien David, marié, en 1878, à Pauline Serre, dont : André, François, Paul, mort jeune, Pierre, Lucie et Henri David ;

df. Adèle-Jeanne David, mariée, en 1879, à Prosper Fayard, dont : Ennemond et Anne Fayard ;

dg. Hippolyte David ;

dh. Renée David ;

cb. Hippolyte David, né en 1822, mort en 1888 ;

cc. Jenny David, morte en 1897, mariée, en 1843, à William Neyrand, né en 1815, mort en 1883, dont :

da. Camille Neyrand, mariée en 1868, à Vital Henry, baron des Tournelles, dont : Alfred des Tournelles ;

db. Elise Neyrand, née en 1850, morte en 1862 ;

dc. Marie Neyrand, née en 1853, morte en 1870 ;

dd. Marguerite Neyrand, mariée, en 1874, au vicomte Hippolyte de la Chapelle d'Uxelles, dont : Guy, Karl, Vital, Gonzague et Hélène de la Chapelle ;

cd. Francisque David, marié à Marie Nicolas, d'où :

da. Alphonse David, marié, en 1891, à Anaïs Côte, dont : Jean-Baptiste-Alexandre David ;

db. Anne-Marie David, mariée, en 1855, à Georges Durand ;

dc. Joseph David ;

dd. Elisée David ;

bc. Frédéric David, né en 1786, mort en 1867, célibataire, capitaine-commandant de cuirassiers sous le premier Empire, chevalier de la Légion d'honneur, du Saint-Esprit et de Saint-Ferdinand ;

bd. Joséphine-Marguerite David, née en 1791, morte en 1846, mariée, en 1813, à Jean-Claude Peyret du Bois, dont :

ca. Louise Peyret du Bois, morte en 1880, mariée, en 1832, à Henry, comte Palluat de Besset, mort en 1886, d'où :

da. Marguerite-Aimée Palluat, née en 1833, morte en 1850 ;

db. Jean-Jacques-Henry Palluat, mort jeune ;

dc. Joseph, comte Palluat de Besset, mort en 1895, marié d'abord, en 1861, à Claire de Chapel, dont :

ea. Henri Palluat, marié, en 1892, à Marcelle d'Adhémar ;

eb. Alfred Palluat, marié, en 1892, à Jeanne Roux de la Plagne ;

ec. Edith Palluat, née en 1866, morte en 1870 ; Joseph Palluat s'est remarié, en 1871, à Marguerite d'Humières, morte, en 1892, dans l'accident du bateau le Mont-Blanc, dont :

ed. Roger Palluat ;

ee. André Palluat ;

ef. Maurice Palluat ;

eg. Robert Palluat ;

eh. Bernard Palluat ;

ei. Louise Palluat, morte avec sa mère ;

ej. Thérèse Palluat, morte de même ;

ek. Jeanne Palluat, mariée, en 1896, au marquis Jean de Pina ;

el. Marie Palluat ;

dd. Simon-André Palluat, né en 1838, mort en 1859 ;

de. Catherine-Marie Palluat, née en 1841, morte en 1843 ;

bc. Marie-Emilie-Colombe David, née 1793, morte en 1858, mariée à Nicolas Bouthérieux, dont :

ca. Andrine-Marie Bouthérieux, mariée à Victor Paillon, dont :

da. André Paillon, mort en 1879, marié, en 1867, à Sarah-Claudine-Valérie Germain de Montauzan, dont : Victor, mort à 4 ans ; Elysée ; Gabrielle Paillon, mariée à Eugène Loison ;

db. Camille Paillon, marié à N. Paillon ; dont postérité :

dc. N. Paillon, mariée à Ferdinand Courbon ;

dd. Jeanne Paillon, morte en 1893, mariée, en 1871, à Victor Clozel ;

cb. Aurélie Bouthérieux, morte, en 1896, à 79 ans, mariée, d'abord, à Camille Peyret, puis au comte Ernest de Chamberet ; sans postérité.

cc. Louise Bouthérieux, morte en 1890, mariée à Auguste Guitton, dont :

da. Adrien Guitton, marié, en 1872, à Jeanne Epitalon,

d'où : Marie-Louise ; Auguste ; Georges ; Claude ; Marie-Gaëtane ; Valérie ; Nennecy et Joseph Guitton ;

db. Antoinette Guitton, mariée à Maurice Rolland, dont : Emmanuel, marié à N. Germain ; Antony ; Joseph ; Elysée ; Ludovie et Thérèse Rolland ;

dc. Georges Guitton, prêtre ;

dd. René Guitton, jésuite ;

de. Amélie Guitton, religieuse du Sacré-Cœur ;

df. Gaëtane Guitton, religieuse du Sacré-Cœur ;

dg. Ludovie Guitton, religieuse du Sacré-Cœur ;

dh. Paul Guitton, marié, en 1878, à Nennecy Neyrand, dont : Sabine ; Henry ; Maurice, mort à 7 ans ; Marie-Antoinette ; Adrien ; Jeanne et Edouard Guitton ;

bf. Marie-Thérèse-Eulalie David, née en 1794, morte en 1866, mariée à Benoît Descours, né en 1780, mort en 1857, dont :

ca. André Descours, marié à Mélanie Bolot, morte en 1893, dont :

da. Marie-Thérèse Descours, morte accidentellement en 1884, mariée, en 1874, à Gustave Baguenault de Puchesse, dont : Raoul et André Baguenault de Puchesse ;

db. Madeleine Descours ;

dc. Henri Descours ;

dd. Marguerite Descours, mariée, en 1878, au vicomte Arthur Jourda de Vaux de Foletier, dont : Robert ; Noël ; Paul ; Pierre ; Marcelle ; Suzanne ; Odette de Vaux ;

de. Eugène-Marie-Alexis Descours, mort, en 1880, à 17 ans ;

df. Marie-Louise Descours, morte, en 1882, à 17 ans;

dg. Elisabeth Descours, mariée en 1887, à Paul Dugas, dont : Jean Dugas;

cb. Elise Descours, mariée à Eugène-César-Philippe Lacroix, dont : François et Philidor Lacroix;

cc. Andrée-Anne Descours, religieuse du Sacré-Cœur, morte en 1877;

cd. Henri Descours, marié, en 1871, à Ambroisine Philipp, dont : Émilie; Régis; Hélène; Ferdinand; Anne-Marie; Jeanne et Andrine Descours;

bg. Andrée-Anne David, née en 1798, morte, en 1859, sans postérité, mariée à Antoine-Christophe Balaÿ;

ab. Pierre-André Thiollière, né en 1762, mort célibataire en 1800;

ac. Pierre-Claude Thiollière de la Côte, né en 1763, mort en 1818, marié à Louise Regnault, née en 1769, morte en 1851, dont :

ba. Louise Thiollière, née en 1791, morte, sans postérité, en 1860, mariée, en 1809, à Guillaume Neyrand-Collenon, né en 1780, mort en 1834;

bb. Elisabeth Thiollière, née en 1793, morte en 1870, mariée, en 1813, à André Neyrand-Buyet, né en 1786, mort en 1838, dont :

ca. Antoine Neyrand, mort en 1854, marié, en 1838, à Nennecy Terrasse de Tessonet, morte en 1887, dont :

da. Charles Neyrand, marié, en 1868, à sa cousine Olympe Neyron, dont :

ea. Adèle Neyrand, mariée, en 1891, à Marcel Ducruet, dont : Joseph; Marie; Louise; Marie-Antoinette et Elisabeth Ducruet;

eb. Marie Neyrand, morte en 1895, mariée, en 1895, à Hubert Le Conte, dont : Pierre Le Conte;

ec. Paul Neyrand ;

ed. Louise Neyrand ;

ee. Antoine Neyrand ;

ef. Augustin Neyrand ;

db. Eugène Neyrand, marié, en 1876, à Marie Gaillard, dont : Anne ; Joseph, jésuite ; Melchior ; André ; Louis ; Auguste ; Albane ; Edith et François Neyrand ;

dc. André Neyrand ;

dd. William Neyrand, mort jeune ;

de. Marie Neyrand, marié, en 1867, à Augustin des Vernay, mort en 1887, dont :

ea. Elise des Vernay, mariée, en 1892, à Hubert Meaudre, dont : Huguette ; Hélène et Marie Meaudre.

eb. Hélène des Vernay ;

ee. Antoine des Vernay ;

df. Louis Neyrand, jésuite, mort en 1886 ;

dg. Paul Neyrand, chartreux ;

dh. Louise Neyrand, mariée, en 1872, à Yvan Dugas, dont : Anne, mariée, en 1894, à Pierre Ravier du Magny ; Marie-Antoinette ; Jeanne ; Joseph ; Jean ; André et Eugénie Dugas ;

di. Antoine Neyrand, marié, en 1881, à Elise Meaudre, dont : Hugues, Cécile ; Hubert ; Max ; Madeleine ; Nennecy ; Guy ; Charles et Jeanne Neyrand ;

cb. William Neyrand, marié à Jenny David ; leur postérité se trouve ci-dessus ;

cc. Charles Neyrand, mort, en 1839, à 22 ans ;

cd. Adèle Neyrand, morte en 1847, mariée, en 1836, à Ernest Neyron, mort en 1861, dont :

da. Adolphe Neyron, mort en 1858 à 19 ans;

db. Louis Neyron, mort en 1893, marié, en 1870, à Léonie Lacam, morte en 1886, dont : Ernest, bénédictin ; Gustave, jésuite ; André ; Marie ; Marguerite ; Thérèse ; Jeanne et Joseph Neyron ;

dc. André Neyron, mort en 1894, marié, en 1873, à sa cousine Thérèse de Fraix de Figon ;

dd. Olympe Neyron, mariée à son cousin Charles Neyrand ; leur postérité se trouve ci-dessus ;

ce. Eugénie Neyrand, mariée, en 1843, à Louis-Adolphe de Fraix de Figon, mort, en 1896, à 88 ans, dont :

da. Marie de Fraix, mariée, en 1863, à Camille Dugas, baron du Villard, mort en 1898, dont :

ea. Antoinette du Villard ;

eb. Zénon, baron du Villard, marié, en 1898, à Germaine d'Amarzit ;

ec. Elise du Villard, mariée, en 1893, à Jacques Dugas, dont : Elysée et Marguerite Dugas ;

ed. Joseph du Villard ;

ee. Thérèse du Villard ;

ef. Gabrielle du Villard ;

eg. Marguerite-Marie du Villard ;

eh. Elysée du Villard ;

ei. Camille du Villard ;

ej. Félix du Villard ;

ek. Adolphe du Villard ;

el. Jean du Villard ;

em. Marie-Louise du Villard ;

db. Marguerite de Fraix, religieuse du Cénacle, morte en 1885 ;

dc. Louis de Fraix, marié à Gabrielle de Pomey de Rochefort (v. note 12) ;

dd. Cécile de Fraix, religieuse du Cénacle, morte en 1892 ;

de. Joseph de Fraix, marié, en 1875, à Jeanne Thiollière, dont :

ea. Marguerite de Fraix, mariée, en 1895, à Joseph Satre, dont : Louis Satre ;

eb. Camille de Fraix ;

ec. Louis de Fraix ;

ed. Thérèse de Fraix ;

ee. Jacques de Fraix ;

ef. André de Fraix ;

eg. Pierre de Fraix ;

eh. Jean de Fraix ;

df. Thérèse de Fraix, mariée à son cousin André Neyron ;

dg. Elysée de Fraix, mort jeune ;

cf. Elysée Neyrand, mort en 1891, marié, en 1846, à Louise Thiollière, morte en 1872, dont :

da. Elisabeth Neyrand, mariée, en 1868, à Paulien Dugas du Villard, dont :

ea. Alexandrine du Villard, fille de la Charité ;

eb. Sabine du Villard ;

ec. Louise du Villard, mariée, en 1896, à Jacques de Boissieu, dont : Jacques de Boissieu ;

ed. Antoine du Villard ;

ee. Marie du Villard ;

ef. Marguerite du Villard ;

eg. Henry du Villard ;

eh. Pierre du Villard ;

db. Thérèse Neyrand, célibataire ;

dc. Eugénie Neyrand, célibataire ;

dd. Emmanuel Neyrand, mort enfant ;

de. Antoinette Neyrand, morte de même ;

df. Anne Neyrand, mariée, en 1881, à Henry Jordan de Puyfol ;

cg. Henry Neyrand, mort en 1884, marié, en 1848, à Sabine Coste dont :

da. Adèle Neyrand, mariée, en 1868, à Edouard Prénat, dont : Joseph, jésuite ; Marie-Louise, mariée, en 1897, à Philippe Charvériat ; Louis ; Jean ; Henry, mort, en 1880, à un an ; Eustache ; Émilie et Henry Prénat ;

db. Victor Neyrand, mort jeune ;

dc. Joseph Neyrand, mort accidentellement, en 1875, à 23 ans ;

dd. Louis Neyrand, marié d'abord à Marie-Thérèse Gautier, morte en 1881, puis, en 1883, à Albane Gautier ; de celle-ci : Henry ; Joseph ; Élysée ; Marie-Thérèse, morte, en 1893, à 4 ans ; Gabriel, mort, en 1896, à 5 ans ; Louise et Marie-Thérèse Neyrand ;

de. Annette Neyrand, mariée, en 1886, à Gabriel de Lambert, dont : Ennemond ; Louis ; Adèle ; Élysée, mort, en 1891, à un an ; Nennecy ; Jeanne ; Stéphanie de Lambert ;

df. Nennecy Neyrand, mariée à Paul Guitton ; leur descendance se trouve ci-dessus ;

dg. Glady Neyrand, morte enfant en 1854 ;

dh. Emilie Neyrand, morte en 1886, mariée, en 1881, à Gabriel Flachaire de Roustan, dont : Henry, né et mort en 1882 ; Joseph ; Marie-Louise ; Hélène et Adèle Flachaire de Roustan ;

di. Jeanne Neyrand, mariée, en 1885, à André Blanchon, dont : Sabine ; Marie ; Adélaïde, morte en 1893, à 4 ans ; Aimée ; Anne et Marie-Antoinette Blanchon ;

dj. Elysée Neyrand, mariée, en 1890, à Louise Ducruet, dont : Sabine ; Louis et Adèle Neyrand ;

bc. Emma-Marie-Françoise Thiollière, morte en 1861, mariée, en 1813, à Jacques-Antoine-Victor Dugas de la Boissony, mort en 1861, dont :

ca. Louise Dugas, morte en 1884, mariée, en 1834, à Claude-Roch de Boissieu, mort en 1880, dont :

da. Louis de Boissieu, marié, en 1863, à Blanche de Fontenay ;

db Victor de Boissieu, marié, en 1865, à Marie-Antoinette Dugas, dont : Jacques, marié à Louise Dugas du Villard ; Louise, religieuse du Sacré-Cœur ; Jean, diacre ; Marie ; Joseph, jésuite ; François ; Amélie et Marguerite-Marie de Boissieu ;

dc. Emma de Boissieu, célibataire ;

dd. Fanny de Boissieu, morte en 1890, mariée, en 1859,

à Paul Passerat de la Chapelle, mort en 1886, dont : Gabrielle, morte, en 1878, à 12 ans; Marie; Jeanne et Françoise religieuses du Cénacle; Joseph, marié, en 1893, à Hélène Munet, dont postérité :

de. Henry de Boissieu, marié, en 1868, à Jeanne-Marie, Dean de Luigné, dont : Marie-Elisabeth; René; Jeanne; Marie-Thérèse, carmélite; Gabriel; Marie-Antoinette; Michel; Henry; Félicie et Louise de Boissieu;

df. Maurice de Boissieu, marié, en 1872, à Hélène Thiollière de l'Isle, dont : Marguerite; Madeleine et Thérèse de Boissieu;

dg. Marie-Antoinette de Boissieu, morte, en 1872, mariée, en 1865, à Ernest Passerat de la Chapelle, dont : Jean, marié d'abord, en 1893, à Marie de Richard d'Ivry, morte, en 1896, dont il a postérité, puis en 1897, à N. Salambier; Henri, prêtre mariste; Emma, mariée, en 1893, à André de Parseval; Louise, religieuse du Sacré-Cœur; Marguerite et Thérèse de la Chapelle, religieuses du Cénacle;

bd. Antoine Thiollière, mort en 1876, marié, en 1825, à Sabine Anginieur, morte en 1886, dont :

ca. Louise Thiollière, mariée à Elysée Neyrand; leur descendance a été donnée ci-dessus;

cb. Eugène Thiollière, marié, en 1864, à Elisabeth Jullien, dont :

da. Alphonse Thiollière, marié, en 1892, à Marthe de Samatan, dont : Eugène Thiollière;

db. Henri Thiollière, marié, en 1897, à Félicie Blanc;

dc. Louise Thiollière, mariée, en 1891, à Georges de Gasquet, dont : Marie-Antoinette; Hubert et Bernard de Gasquet;

dd. Marguerite Thiollière ;

bc. Eugène Thiollière, mort en 1861, marié, en 1821, à Stéphanie Thiollière-la-Roche, morte en 1827, dont :

ca. Jules Thiollière, mort en 1855 ;

cb. Camille, comte Thiollière, mort en 1897, marié, en 1852, à Sabine Chaland, dont :

da. Marguerite Thiollière, religieuse du Cénacle, morte en 1876 ;

db. Jeanne Thiollière, mariée à Joseph de Fraix de Figon ; leur postérité se trouve ci-dessus ;

dc. Louise Thiollière, morte jeune ;

dd. Alfred Thiollière, mort jeune ;

de. Gabrielle Thiollière, morte en 1864 ;

df. Stéphanie Thiollière, mariée, en 1880, à Raymond Lacam, dont : Léonie, morte, en 1895, à 14 ans ; Gustave ; Joseph ; Antoine ; Marie-Antoinette et François Lacam ;

dg. Joseph Thiollière, mort jeune ;

dh. Anne-Marie Thiollière ;

bf. Marie-Jacqueline-Marguerite Thiollière, morte en 1872, mariée à Jacques Chaland dont :

ca. Clary Chaland, morte en 1891 ;

cb. Louise Chaland, morte en 1854, mariée, en 1843, à Victor Finaz, mort en 1897, dont :

da. René Finaz, marié, en 1878, à Clary Veyre de Soras, morte en 1887, dont : Victor ; Marie-Louise et Joseph Finaz ;

db. Bénédicte Finaz, mariée, en 1866, à Iwan Grangier,

dont : Jeanne, fille de la Charité, morte en 1895 ; Louise, morte, en 1874, à 3 ans ; Victor, mort, en 1874, à 2 ans ; Marguerite, carmélite ; Marie, mariée, en 1896, à Auguste Vincendon-Dumoulin, dont postérité ; Thérèse, née et morte en 1877 ; Camille ; Iwan ; Joseph Grangier, mort jeune ;

dc. Joseph Finaz ;

dd. Louis Finaz, marié, en 1881, à Jeanne de Villaine, dont : Marc ; Noémi ; René, mort, en 1887, à un an ; Paul ; Louise et Camille Finaz ;

de. Marie Finaz, morte, en 1857, à 4 ans ;

df. Marguerite Finaz, mariée, en 1872, à Louis Roque, dont : Thérèse, mariée, en 1894, à Marc Perret ; Marie et Madeleine Roque ;

dg. Camille Finaz ;

cc. Gabrielle Chaland ;

cd. Sabine Chaland, mariée à Camille, comte Thiollière ; leur descendance se trouve ci-dessus ;

ce. Marguerite Chaland, mariée, en 1855, à Alfred Jordan de Chassagny, dont : Edouard ; Edith ; Camille ; Jules ; Gabriel et Charles Jordan de Chassagny, prêtres ;

bg. Henri Thiollière, mort en 1878, marié à Fanny Magnin, morte en 1844, dont :

ca. Amélie Thiollière, mariée, en 1861, à Jules Sarton du Jonchay, mort noyé dans la Loire en 1876, dont :

da. Henri du Jonchay, noyé avec son père, en 1876, à 14 ans ;

db. Charles du Jonchay, marié, en 1889, à Philomène de Sonis, dont : Gaston ; Henry et Guy du Jonchay ;

dc. Ferdinand du Jonchay, marié, en 1897, à Clémence de Pommereau ;

dd. Aimée du Jonchay, mariée, en 1890, à Victor du Crest ;

de. André-Joseph-Alfred du Jonchay, né et mort en 1869 ;

df. Jean du Jonchay, marié, en 1896, à Madeleine de la Fargue ;

dg. François du Jonchay, marié, en 1898, à Thérèse de la Fargue ;

dh. Fanny du Jonchay, morte, en 1897, novice du Sacré-Cœur ;

di. Valentine du Jonchay, religieuse du Sacré-Cœur ;

cb. Louis Thiollière, mort en 1880, marié, en 1873, à Marie Girard ;

cc. Mathilde Thiollière, morte en 1868, mariée à Léon Royer de la Bastie, dont :

da. Anatole de la Bastie, marié, en 1892, à Marguerite Germain de Montauzan, dont : Léon ; Simone et Fabienne de la Bastie ;

db. Alice de la Bastie, mariée, en 1886, à Paul de la Poix de Fréminville, dont : Robert ; Marie-Edmée ; Paule et Germaine de Fréminville ;

ad. Claude-Simon Thiollière du Treuil, né en 1765, marié, en 1791, à Marie-Anne Neyron, dont :

ba. Adolphe Thiollière, né en 1792, mort en 1853, curé de Saint-Pierre à Saint-Chamond, chanoine de la cathédrale de Lyon ;

bb Olympe Thiollière, morte en 1813, mariée la même année, à Joseph-Marie-François Neyron, dont :

ca. Ernest Neyron, marié à Adèle Neyrand ; leur postérité a été donnée ci-dessus ;

bc. Amélie Thiollière, morte en 1844, mariée, en 1826, à Camille Jacquemond, mort en 1878, dont :

ca. Louis Jacquemond, mort en 1895, marié à Adèle Genton, dont : Henri, marié, en 1885, à Blanche Jeannez, dont postérité ; Charles ; Stanislas, marié, en 1892, à Thérèse Vidal ; André et Marthe Jacquemond ;

cb. Charles Jacquemond, mort en 1870, marié, en 1861, à Clarisse Saint-Jean, dont : Marguerite, mariée, en 1885, à Joseph Coste, mort en 1895 ; Charles, marié, en 1891, à Jeanne Colcombet, morte en 1892 ; Louis, mort, en 1891, à 25 ans ; Augustin Jacquemond, mort, en 1870, à un an ;

cc. André Jacquemond, mort en 1896, marié à N. Garcin, dont : Camille, mort, en 1884, à 23 ans ; Eugène, marié à Louise Richard-Vitton, dont postérité ; Antoinette, mariée, en 1889, à Jacques Gros, dont postérité ; Victor, jésuite ; Robert Jacquemond ;

cd. Antoinette Jacquemond, morte en 1852, mariée, en 1851, à Henri Roux, mort en 1886 ;

ce. Marie Jacquemond, morte en 1888, mariée, en 1856, à Christophe Balaÿ, mort en 1877, dont :

da. Ernest Balaÿ, mort, en 1893, à 32 ans ;

db. Amélie Balaÿ, mariée, en 1880, à Elie Ramel, dont : Germaine ; Pierre ; Marie et Elisabeth Ramel ;

dc. Elysée Balaÿ ;

dd. Fernand Balaÿ ;

cf. Elisabeth Jacquemond, morte en 1886, mariée, en 1863, à Paul Simon de Quirielle, dont : Pierre ; Marie, morte, en 1883, à 16 ans; Clotilde, mariée, en 1889, au vicomte Jacques du Peloux de Saint-Romain, dont postérité; Maurice de Quirielle;

cg. Sauveur, comte Jacquemond, marié, en 1876, à Marie Briatte, dont : Pauline Jacquemond;

ac. Antoine Thiollière-la-Roche, né en 1766, mort en 1850, marié à Catherine-Sophie Peyret du Bois, dont :

ba. Stéphanie Thiollière, morte en 1827, mariée à Eugène Thiollière, leur descendance se voit ci-dessus.

bb. Valérie Thiollière, morte en 1850, mariée à Jules Balaÿ, mort en 1862, dont :

ca. Antonie Balaÿ, mariée à Francisque Balaÿ, mort en 1873, dont :

da. Jean Balaÿ, marié d'abord, en 1878, à Julie Bizot, morte en 1890; puis, en 1893, à Marie-Louise de Pellissières; il a eu de la première : Joseph; Francisque; Marie-Louise, morte jeune; Berthe; Marguerite Balaÿ, morte à un an; de la seconde : Pierre Balaÿ et d'autres enfants;

db. Marie Balaÿ, mariée, en 1872, à Horace Busquet, dont deux filles;

dc. Marguerite Balaÿ, mariée, en 1872, à Gabriel Neyron de Méons, dont : Jeanne; Ferdinand; Charles-Antoine, mort, en 1874, à un an; Lucien et Jacques Neyron;

dd. Jules Balaÿ, mort jeune;

de. Louise Balaÿ, mariée à Jean David; leur descendance se trouve ci-dessus;

df. Francisque Balaÿ, marié, en 1898, à Jehanne de Garron de la Bévière;

dg. Michelly Balaÿ, mariée, en 1884, à Philippe Germain de Montauzan ;

dh. Valérie Balaÿ, mariée, en 1888, au baron Raymond de Pouchelon, dont postérité ;

di. Octavie Balaÿ, mariée, en 1890, à Gabriel Balaÿ, dont postérité ;

dj. Antonie Balaÿ, mariée, en 1891, à Fernand Rocher, dont postérité ;

bc. Octavie Thiollière, mariée à Constant Balaÿ, mort en 1863, dont :

ca. Sophie Balaÿ, mariée, en 1851, à Adrien Lyonnet, mort en 1872, dont :

da. Octavie Lyonnet, mariée à Constant Balaÿ, mort en 1890, dont : Marie-Antoinette Balaÿ ;

db. Amélie Lyonnet ;

dc. Charles Lyonnet, marié, en 1883, à Sophie Serre, dont : Marie-Madeleine ; Valérie ; Adrien et Jean-Marie Lyonnet ;

cb. Antoinette Balaÿ, mariée, en 1852, à Jean-Marie Epitalon, dont :

da. Jeanne Epitalon, mariée à Adrien Guitton ; leur postérité se voit ci-dessus ;

db. Claude Epitalon, marié, en 1882, à N. Théolier, dont : Denis ; Octavie et Fannély Epitalon ;

dc. Mathieu Epitalon ;

dd. Marie Epitalon, mariée, en 1883, à Stéphane-Germain de Montauzan, dont : Octave ; Claire-Germaine de Montauzan, morte, en 1890, à 3 ans ;

de. Antoine Epitalon, marié, en 1890, à Marie-Thérèse

Germain de Montauzan, dont : Michel et Jean-Marie Epitalon ;

df. Michel Epitalon, mort, en 1890, à 24 ans ;

cc. Valérie Balaÿ, mariée, en 1853, à Mathieu Serre, dont :

da. Pauline Serre, mariée à Adrien David ; leur postérité se voit ci-dessus ;

db. Stéphanie Serre, morte, en 1890, mariée à François Chaverondier, dont : Adrien ; Arthur et Marguerite Chaverondier ;

dc. Sophie Serre, mariée à Charles Lyonnet, son cousin germain ; leur postérité se trouve ci-dessus ;

bd. Félix Thiollière, jésuite, mort en 1887 ;

af. Jean-Marie-François Thiollière, né en 1768, marié à N. Tamisier ;

ag. Eustache Thiollière, né en 1769, mort en 1847, marié, en 1797, à Jeanne-Marguerite Neyron, dont :

ba. Hippolyte Thiollière, mort à 15 ans ;

bb. Victoire-Pauline Thiollière, morte en 1869, mariée, en 1827, à Louis-François Godinot, mort en 1876, dont :

ca. Théodore Godinot, marié, en 1860, à Anne-Marie Monterrad, dont : Léon, marié, en 1892, à Laure Genin, dont postérité ; Amédée ; Louis ; Alice, mariée, en 1892, à Elisée Phélip ; Emmanuel ; Nancy et Isabelle Godinot ;

cb. Charles Godinot, marié, en 1864, à Marie Tresca, dont : Amélie, mariée, en 1887, à Gabriel Billioud, dont postérité ; Jeanne, mariée, en 1890, à Charles Gindre, dont postérité ; Marguerite, mariée à Louis Gindre, dont postérité ; Paul et Francisque Godinot ;

bc. Victor Thiollière, mort en 1859 ;

bd. Louis Thiollière de l'Isle, mort en 1898, marié, en 1849, à Marie-Françoise-Thérèse-Louise Mac'Ker, dont :

ca. Hélène Thiollière, mariée à Maurice de Boissieu ; leur descendance se trouve ci-dessus ;

cb. Louise-Victoire-Marie-Marguerite Thiollière, morte, en 1870, à 16 ans ;

ah. Jean-Baptiste Thiollière, né en 1771 ;

ai. Jean-Baptiste Thiollière, né en 1774, mort en 1848 ;

aj. Michel Thiollière du Chaussis, né en 1776 ;

ak. Antoine Thiollière, né en 1778.

14° Louise RAVEL eut d'Antoine SALICHON :

aa. Gratien Salichon, vivant en 1797 ; il s'établit à Lisbonne et eut plusieurs enfants ;

ab. Marie-Antoinette-Sophie Salichon, mariée, en 1796, à François Prénat, né en 1764, dont :

ba. Antoine Prénat, né en 1797, mort en 1875, marié, en 1826, à Sophie-Antoinette de Grand-Boulogne, dont :

ca. Sophie Prénat, mariée à Edmond Delphin, dont : Thérèse, morte jeune ; Antoine ; Ennemond, marié à Louise Robert ; Gaétan, marié à N. Michel ; Henri, mort jeune ; Alice Delphin, mariée, en 1892, à Henri Crozier ;

cb. Louis Prénat, marié d'abord, en 1855, à Clary Grangier, morte en 1859, puis en 1862, à Marie-Pauline-Thérèse Lafayolle de la Bruyère, morte en 1874 ; il eut de la première :

da. Jeanne Prénat, mariée, en 1877, à Léon Gerin, dont : Marguerite ; Joseph ; Louis, mort, en 1897, à 13 ans ; Marie-Louise ; Emmanuel, mort, en 1889, à un an ; Pierre Gerin ;

db. Marie-Louise Prénat, mariée, en 1881, à Louis Coste, dont : Marie ; Jeanne ; Louis ; Madeleine et Marthe Coste.

Louis Prénat a eu de son second mariage :

dc. Antoine Prénat ;

dd. Maurice Prénat ;

de. Anne-Marie Prénat, mariée, en 1892, à Gabriel Lyonnet, dont : Louis ; Amélie et Thérèse Lyonnet ;

cc. Marie-Louise Prénat, morte en 1856, mariée, en 1855, à Camille de Valous, mort en 1895, dont :

da. Placidie de Valous, mariée, en 1876, à Raoul d'Allard, dont : Pierre ; Henri ; Camille ; Gaston ; Amélie et Paul d'Allard ;

cd. Auguste Prénat, marié à N. Exommelle ;

ce. Sabine Prénat, mariée, en 1864, à Anatole Meaudre de Sugny, dont : Camille ; Noël-Louis-Antoine, mort, en 1878, à 12 ans ; Geneviève, mariée, en 1891, à Camille Roche, dont postérité ; Henri ; Georges ; Jean et Robert Meaudre de Sugny ;

bb. Auguste Prénat, marié, en 1822, à Benoîte Freydier-Dubreul, dont :

ca. François Prénat, mort célibataire ;

cb. Jacques Prénat, mort en 1872, marié à Mary-Marguerite-Antoinette Grangier, dont :

da. François-Jean Prénat, marié, en 1882, à Augustine-Marie-Charlotte Pavet de Courteille, dont : Abel ; Alice ; Jean ; Henri ; Jacques ; Joseph et André Prénat ;

db. Marguerite Prénat, morte en 1875 ;

dc. Marie Prénat ;

dd. Auguste Prénat, marié, en 1892, à Suzanne Ligier, dont : Félix et Paul Prénat ;

de. Clary Prénat, mariée, en 1888, à Henry Klotz, dont : Pierre, mort, en 1890, à un an ; Gustave, mort, en 1892, à 2 ans ; Marie et Joseph Klotz ;

df. Louise Prénat, mariée, en 1892, à Joseph Lesbros, dont : Marguerite ; François et Henri Lesbros ;

cc. Claude Prénat, mort jeune ;

bc. Eustache Prénat, mort en 1866, marié, en 1838, à Marie-Antoinette-Irma Frécon, morte en 1893, dont :

ca. Edouard Prénat, marié, en 1868, à Adèle Neyrand (v. note 13) ;

cb. Jeanne-Marie-Louise Prénat, morte en 1873, à 31 ans ;

bd. Jean-Baptiste Prénat, mort, en 1886, à 82 ans ;

be. Jacobé Prénat ;

bf. Louise Prénat, mariée à Jean-Marie Chaland, mort en 1872, dont :

ca. Paul Chaland, marié d'abord, en 1864, à Françoise-Claudine-Marcelle Berjon, morte en 1864, puis à Marie Fessy ; il a eu de la première : Marcelle Chaland, mariée, en 1886, à Ernest Gayet ; de la seconde : André Chaland, marié, en 1897, à Clotilde Bréchignac ; Edith, mariée à N. Langloÿs, dont postérité ; Marie-Aimée ; Cécile ; Henri ; Paul ; Camille et Yvonne Chaland ;

cb. Marie Chaland, morte en 1892, mariée à Josué Gérentet, mort en 1861, dont : Jeanne, mariée, en 1883, à Emile Burel, dont postérité ; Marguerite Gérentet ;

cc. Léonie Chaland ;

cd. Antoinette Chaland, mariée, en 1866, à Philibert

Franchet, dont : Marie, mariée, en 1890, à Michel Emery ; Joseph, mort en 1891, à 20 ans ; Noël ; Philibert ; Elise ; Antoine ; Joséphine-Marie-Adèle Franchet, morte, en 1880, à un an ;

ce. Elise Chaland, mariée, en 1873, à Jean-Michel Tamet, mort en 1873 ;

cf. Adèle-Marie-Pauline Chaland, morte en 1887, mariée, en 1875, à Gabriel Morel, dont : André ; Victor, mort en 1887, à 7 ans ; Léonie, Paul et Charles Morel ;

cg. Léon Chaland, marié, en 1879, à Marie Saléon, dont : Joseph ; Jean ; Léon ; Raoul ; Marie Chaland ;

ch. Louise Chaland, mariée, en 1884, à Jules Hyvernat, dont : Marie-Louise Hyvernat ;

ac. Marguerite Salichon, mariée à Claude Gambonnet, mort à Leipsig, en 1813 ;

ad. Jacques Salichon, marié à N. Plotton, dont :

ba. N. Salichon, marié à N. Gerin, d'où 5 filles, ayant une nombreuse postérité ;

bb. Annette Salichon, mariée à Antoine-Christophe Balaÿ, dont :

ca. Francisque Balaÿ, mort en 1873, marié à Antonie Balaÿ (v. note 13).

cb. Françoise-Marie-Agathe-Aimée Balaÿ, morte en 1886, mariée à Jean-Baptiste Duplay, mort en 1872, dont :

da. Aimé Duplay ;

db. Francisque Duplay, marié, en 1869, à Isabelle Guérin, morte en 1890, dont : Pierre ; Louis ; Joseph ; Marie ; Thérèse ; Renée ; Aimée ; Louise ; Françoise et Geneviève Duplay ;

dc. Anne-Marie Duplay, mariée, en 1872, à Henri

Gonthier, mort en 1893, dont : Henri ; Jean ; François ; Ferdinand ; Charles ; Léon ; Marie ; Louise ; Thérèse ; Agathe et Barthélemy Gonthier ;

dd. Louise Duplay, mariée à André Fustier, dont : Marie ; Jeanne ; Louise ; Marguerite et Anne Fustier ;

de. Michelly Duplay, mariée à François Colcombet, dont : André ; Victor ; Claire, morte, en 1890, à 9 ans ; François-Joseph et Marie Colcombet ;

df. Joseph Duplay, jésuite ;

dg. Emmanuel Duplay ;

dh. Ferdinand Duplay ;

di. Charles Duplay, marié à N. Courbon-Lafaye, dont : Jean Duplay ;

dj. N. Duplay, mariée, en 1883, à Barthélemy Deflassieux, dont : Marie-Louise Deflassieux ;

cc. Christophe Balaÿ, marié à Marie Jacquemond (v. note 13) ;

cd. Ferdinand Balaÿ, mort en 1872, marié à Charlotte Neyron de Méons, dont :

da. Ferdinand Balaÿ, marié, en 1885, à Louise Balaÿ, sa cousine germaine, dont : Ferdinand Balaÿ ;

db. Charles Balaÿ, marié à N. N. ;

dc. Gabriel Balaÿ, marié à Octavie Balaÿ (v. note 13) ;

dd. Michel Balaÿ ;

ce. Louis Balaÿ, mort en 1891, marié à N. Mangini, dont : Henri, marié à N. Gillet, dont postérité ; Félix, marié à Lucie Aulois, dont postérité ; Lucien ; Lazare ; Louise, mariée à Ferdinand Balaÿ, son cousin germain ; Marie Balaÿ, mariée, en 1893, à Louis Chatin, dont postérité ;

cf. Andrine Balaÿ, mariée, en 1852, à Jules Jullien, dont : Georges, jésuite ; Gaston, marié à Marguerite-Elisabeth-Charlotte Beauchamp, morte en 1886, dont postérité ; Marie, morte, en 1880, à 25 ans ; Berthe, morte en 1867 ; Michel ; Maurice, mort, en 1889, à 29 ans ; Madeleine, religieuse du Cénacle ; Marguerite ; Jules ; Monique, mariée, en 1895, à Adrien Beauchamp ; Anne ; Joseph-Louis, mort, en 1895, à 24 ans ; Catherine Jullien, religieuse du Cénacle ;

cg. Jules Balaÿ, mort en 1890, marié, en 1868, à Marie-Henriette Riboud, dont : Jules ; Camille, mariée, en 1891, à Victor Viennois ; Jeanne ; Marie-Louise ; Antoinette et Marguerite Balaÿ ;

bc. Louise Salichon, morte en 1882, mariée à François Colcombet, dont :

ca. Victor Colcombet, mort en 1890, marié à N. Laboré, dont :

da. Alexandre Colcombet, marié, en 1876, à Marie Goubard de Dracy, dont : Johann ; Yves ; Louisie ; Marguerite ; François ; Olympe et Charles Colcombet ;

db. François Colcombet, marié à Michelly Duplay ; leur descendance se trouve ci-dessus ;

dc. Marie-Louise Colcombet, religieuse ;

cb. Aimé Colcombet, marié à Louise Coste, morte en 1893 ;

ac. Antoine Salichon, qui passa en Amérique ;

af. Françoise-Elisabeth Salichon, mariée à Louis Dormand, vivant en 1819, dont trois enfants, entre autres : Jacques et Agathe Dormand ;

ag. Jean-Jacques Salichon, vivant, en 1819, à Lisbonne.

15° Marianne RAVEL eut d'Eustache NEYRAND :

aa. Marguerite-Marie Neyrand, née en 1769, morte en 1802, mariée, en 1790, à Guillaume-Alphonse de Robert du Gardier, dont :

ba. Marie-Catherine-Clarisse du Gardier, née en 1791, morte en 1830 ;

bb. Laure du Gardier, née en 1793, morte en 1828, mariée, en 1820, à Charles-Louis-Antoine-Régis de Surel de Montbel, chevalier de Saint-Louis, dont : Isabelle ; Charles et Clarisse de Montbel ;

bc. Charles du Gardier, né en 1795, mort en 1814 ;

bd. Henriette-Hectorine du Gardier, née en 1796, morte en 1852, mariée à Camille Gibert de Chazotte, dont :

ca. Maurice de Chazotte, mort en 1872, marié, en 1862, à Mathilde Brunel de Moze, dont : Louise et Charles de Chazotte ;

cb. Caroline de Chazotte, morte en 1883, mariée à François-Marie-Isaac Coste, mort en 1885, dont :

da. Camille Coste, marié à N. N. , dont : Camille et Marie Coste ;

db. Henriette Coste, mariée, en 1869, à Charles Large, mort en 1873, dont : Marie-Antoinette Coste, carmélite, ainsi que sa mère ;

dc. Louis Coste, marié à Louise Prénat (v. note 14) ;

dd. Marie-Hélène Coste, morte en 1894, mariée, en 1875, à Antoine Magnin, dont : Jean ; Henri ; Elisabeth ; Louis ; Joseph ; Carmen et Huberte Magnin ;

de. Félix Coste, marié à N. de Laval, dont : François et Henriette Coste ;

cc. Clarisse de Chazotte, morte, en 1887, mariée, en 1853, à Philippe Germain de Montauzan, mort en 1880, dont :

da. Philippe Germain de Montauzan, marié, en 1884, à Michelly Balay ;

db. Stéphane Germain de Montauzan, marié, en 1883, à Marie Epitalon (v. note 13);

dc. Camille Germain de Montauzan, marié, en 1893 à Marie Germain de Montauzan, sa cousine germaine, dont postérité;

dd. Joseph Germain de Montauzan, marié, en 1894, à Marguerite Joannard, dont postérité;

de. Henri Germain de Montauzan;

df. Louise Germain de Montauzan, mariée, en 1879, à Michel Nikly, mort en 1895, dont : Philippe, Adrien et Marie Nikly;

dg. Louise-Marie-Henriette-Amélie Germain de Montauzan, morte, en 1869, à 14 ans;

dh. Mathilde Germain de Montauzan, mariée, en 1887, à Louis Brun, dont : Clarisse, morte, en 1889, à un an; Hélène; Irénée; Joseph; Michelly et Jeanne Brun;

di. Marie-Thérèse Germain de Montauzan, mariée, en 1890, à Antoine Epitalon (v. note 13);

bc. Guillaume-Alphonse du Gardier, né en 1799, mort en 1834;

ab. Marie-Anne-Jacqueline Neyrand, morte jeune, en 1773.

16° Agathe RAVEL eut d'Antoine NEYRAND :

aa. Eustache Neyrand, né en 1772, mort en 1773;

ab. Marie-Anne Neyrand, née en 1769, morte en 1773;

ac. Victoire Neyrand, née en 1774, morte en 1791.

17° Anne RAVEL eut de Pierre-Guillaume ROYET :

aa. Marie-Anne Royet, née en 1771, morte en 1860, mariée, en 1789, à Louis-Joseph Praire de Terrenoire, secrétaire du Roi, maire de Saint-Etienne, en 1792, dont :

ba. Joséphin Praire de Terrenoire, né en 1789, mort en 1862, marié, en 1817, à Jeanne-Victoire Le Bœuf, dont :

ca. Angèle Praire de Terrenoire, mariée à Jean-Baptiste Donat, dont : Philibert, marié, en 1872, à Olympe Duquaire, et Abdon Donat;

cb. Adrien Praire de Terrenoire, mort, en 1858, en allant en Amérique;

bb. Jeanne-Françoise Praire de Terrenoire, née en 1791, mariée, en 1808, à André Malmazet, né en 1781, mort en 1863, dont :

ca. Anaïs Malmazet, morte en 1871, mariée, en 1832, à Joseph Gensoul, mort en 1858, dont :

da. André Gensoul, marié, en 1864, à Alix Bolot, dont : Anne-Thérèse-Andrée, mariée, en 1887, à Etienne-Louis-Paul Michet de Varines, dont postérité; Charlotte, mariée, en 1889, à Frédéric-Pierre-François, comte de Bonnecorse-Benault de Lubières, dont postérité; Paule, mariée à Emilio de Ferrari, dont postérité; Marie-Madeleine, mariée, en 1895, à Louis-André de Perrinel-Dumay, dont postérité; Joseph Gensoul;

db. Henri Gensoul, mort en 1885, marié, en 1878, à Marie Malgontier;

dc. Anne Gensoul, mariée, en 1861, à Lucien Mangini, dont : Lazare, mort accidentellement en 1894; Henri Mangini;

bc. Marie-Anne-Aria Praire de Terrenoire, née en 1793, morte en 1877, mariée, en 1814, à Claude-Victor Caquet-Vauzelle, dont :

ca. Claudine Caquet-Vauzelle, morte en 1896, mariée, en 1835, à Amédée Monterrad, mort en 1875, dont :

da. Laure Monterrad, mariée, en 1855, à Gabriel Billioud, mort en 1893, dont : Emilien, marié, en 1890, à Pauline Bizot, dont postérité ; Thérèse, mariée, en 1879, à Joseph Rondet, dont postérité ; Marie-Antoinette-Louise, mariée, en 1886, à Emile-Jean-Marie-Joseph Rimaud, dont postérité ; Marie-Camille, mariée, en 1895, à Pierre-Marie-Joseph Casati ; Victor ; Jean et Marguerite Billioud ;

db. Anne-Marie Monterrad, mariée à Théodore Godinot (v. note 13) ;

dc. Isabelle Monterrad, mariée, en 1873, à Alfred Peillon, dont : Maurice ; Gilberte ; Louise ; Antoine ; Régis ; Marguerite ; Alfred et Anne Peillon ;

cb. Victor Caquet-Vauzelle, marié à Catherine-Honorine Milliet, morte en 1895, dont : Henri, marié à Antoinette Chapuis ; Blanche Caquet-Vauzelle, mariée d'abord, en 1867, à Henri Munet, puis à Philibert Delastre.

18. JEAN-BAPTISTE RAVEL DE MONTAGNY eut de FRANÇOISE-LOUISE FERRUS DE PLANTIGNY :

aa. Claudy Ravel de Montagny, marié, en 1834, à Félicie-Julie Burlon, dont :

ba. Anne-Françoise Ravel de Montagny, mariée, en 1866, à Jules-Vincent Chansselles, dont :

ca. Henri Chansselles, mort à 10 ans ;

cb. Lise Chansselles, mariée, en 1893, à Gabriel Gorrand, dont : Jules et Louis-Aimé Gorrand ;

ab. Stéphane Ravel de Montagny, marié, en 1844, à Hortense-Victorine Burlon, dont :

ba. Alice Ravel de Montagny, mariée, en 1865, à Marius-Alphonse Le Gras de Vaubercey, dont : Ernest; Henry; Louis, religieux oblat de Saint-François de Sales; Edouard; Charles; Anne-Marie et Jean Le Gras de Vaubercey;

ac. Jeanne-Sabine Ravel de Montagny, morte en 1881, mariée, en 1830, à Jean-Louis Jassoud, dont :

ba. Jean-Pierre Jassoud, prêtre;

bb. Jean Jassoud, marié, en 1858, à Nathalie Marchand, dont :

ca. Joseph Jassoud, prêtre;

cb. Alphonsine Jassoud, mariée, en 1883, à Amand Biéchy, dont : Jean et Madeleine Biéchy;

cc. André Jassoud;

bc. Joachim Jassoud, marié, en 1863, à Marie-Victorine-Augustine-Valérie Jassoud, dont Augustine Jassoud;

bd. Hortense-Sabine-Marie-Joséphine Jassoud, mariée, en 1873, à Joseph Bordas, mort en 1898, dont : Polyeucte; Clélie; Anne; Lodoïk; William; Yvonne; Frank Bordas, et cinq enfants morts peu après leur naissance;

ad. Henry Ravel de Montagny, marié, en 1854, à Anne-Philiberte de Moréal.

19° Nicole-Hortense RAVEL de MONTAGNY a eu de Jean-Baptiste-Joseph COURTIN de NEUFBOURG :

aa. Ernest de Neufbourg, mort en 1879;

ab. Ludovic, comte de Neufbourg, mort en 1881, marié, en 1833, à Fleurie-Marie-Caroline Gonon, morte en 1847, dont :

ba. Jean, comte de Neufbourg, marié d'abord, en 1859, à Marie Battant de Pommerol, morte en 1860, dont :

ca. Jeanne de Neufbourg, mariée, en 1884, à Pierre de

Chambrun d'Uxeloup de Rosemond, dont : Inès ; Albane ; Marie-Thérèse ; Anne et Gabrielle de Rosemont.

Jean de Neufbourg s'est remarié, en 1865, à Elisabeth Côte, morte en 1875, dont :

cb. Louis, vicomte de Neufbourg ;

cc. Marie de Neufbourg, mariée, en 1892, à Jean Jacquelot de Chantemerle de Villette, dont : Elisabeth de Villette.

Jean de Neufbourg a épousé, en troisième noces, en 1887, Henriette-Alix de Poli, dont :

cd. Guy de Neufbourg ;

ce. Claude de Neufbourg ;

cf. Jean de Neufbourg ;

bb. Ernest-Claude de Neufbourg, mort en 1873, marié, en 1865, à Marie Guillaume-Sirventon, dont : Marie-Louise de Neufbourg, mariée, en 1886, à Charles d'Assier, et morte, sans postérité, en 1893 ;

ac. Gustave de Neufbourg, religieux de Saint-Jean-de-Dieu, mort en 1858 ;

ad. Irma de Neufbourg, morte en 1871, mariée, en 1831, à Victor Huë de la Blanche, mort en 1862, dont :

ba. Hortense de la Blanche, mariée, en 1857, au vicomte Edmond Révérend du Mesnil, mort en 1895, dont :

ca. Victor du Mesnil, marié, en 1885, à Elisabeth-Marie-Antoinette Traclet, dont : Louis ; Orpha et Jean du Mesnil ;

cb. Gustave du Mesnil, mort en 1897 ;

cc. Marie du Mesnil, mariée, en 1879, à Michel-Emile Blanc, mort en 1896, dont : Louis et Henri Blanc ;

cd. Louise du Mesnil ;

ce. Jean du Mesnil ;

cf. Ernest du Mesnil ;

bb. Marie de la Blanche, mariée, en 1861, à Jules Le Conte, dont :

ca. Hubert Le Conte, marié d'abord, en 1895, à Marie Neyrand (v. note 13), puis, en 1897, à Pauline de Rivérieulx de Varax ;

cb. Ernest Le Conte ;

cc. Marguerite Le Conte, mariée, en 1897, à Henry M'Roë, dont : Valentine M'Roë ;

cd. Félicie Le Conte,

ac. Orpha de Neufbourg.

20. Edouard RAVEL de MALVAL a eu d'Eugénie-Charlotte BODIN :

aa. Amélie de Malval, morte en 1896, mariée, en 1867, à Alfred de Fages de Chaulnes ;

ab. Maurice de Malval, marié à Marie-Thérèse de Polaillon de Glavenas, dont : Marguerite ; Henri et Marie-Louise de Malval ;

ac. Jeanne de Malval, mariée à Jules Vraine, dont : Alice Vraine ;

ad. Julien de Malval ;

ae. Auguste de Malval, marié à   , dont : Julien de Malval.

21. Camille de MUSY eut d'Elisabeth d'ARCY de MONTFRIOL :

aa. Barthélemy de Musy, seigneur de l'Hôpital-le-Mercier, Larre et la Barre, mort, en 1783, à 37 ans, sans postérité, de son mariage avec N. Penet de Monterno ;

ab. Claudine de Musy, mariée à Jean-Claude du Puy de la Bruyère.

22. Jeanne-Marie de MUSY a eu de Philibert de MONTAGU :

aa. Jacques-Philibert Odet, comte de Montagu, chevalier de Saint-Louis, mort en 1855, à 80 ans, marié à de Jarsaillon, dont :

ba. Louis, comte de Montagu, marié, à Isabelle de Blic, dont :

ca. François, comte de Montagu, marié, en 1871, à Pauline d'Auteville, dont : Henri; Jeanne; Marguerite, religieuse du Cénacle; Berthe et Isabelle de Montagu;

cb. Joseph, vicomte de Montagu, marié à Hélène de Lestre du Saussois, dont : Gertrude de Montagu;

cc. Marie-Anne de Montagu;

cd. Thérèse de Montagu, religieuse du Cénacle;

ce. Gertrude de Montagu, religieuse du Cénacle, morte en 1884;

cf. Etienne de Montagu, mort en 1871;

bb. Zoé de Montagu, mariée à Pedre de la Goutte de Montaugey dont :

ca. Alexandrine de la Goutte, mariée, en 1856, à Bérold, comte Costa de Beauregard, dont :

da. Stanislas Costa, marié, en 1883, à Christine de Narcillac, dont : Bérold; Raoul et Catherine Costa;

db. Gonzague Costa, marié, en 1886, à Françoise Voysin de Gartempe, dont : Josselin et Humbert Costa;

dc. Elisabeth Costa;

dd. Victor Costa, marié, en 1890, à Mathilde de Chossat-Montburon, dont : Télémaque Costa ;

de. Karl Costa, marié, en 1895, à Jeanne Aubry-Vitet ;

bc. Edwige de Montagu, morte en 1881, mariée à Maurice de Champs de Saint-Léger, comte de Bréchard, dont :

ca. Eudes, comte de Bréchard, mort en 1893, marié à Hélène de Luvigne, dont : Maurice, marié, en 1898, à Marie de Bernard de Montessus ; Pierre ; Henriette et Marguerite de Bréchard ;

cb. Paul, vicomte de Bréchard, marié, en 1879, à Marie de Monti de Rézé, dont : Alain ; Edwige et Henri de Bréchard ;

cc. Alfred de Bréchard, prêtre ;

cd. Marie de Bréchard, morte en 1885 ;

ce. Eléonore de Bréchard, morte en 1893, mariée à Paul, comte de Rolland d'Arbourse, dont :

da. Armand, comte de Rolland ;

db. Laure de Rolland, morte en 1895, étant veuve de Symphorien, comte de Musy ;

dc. Henriette de Rolland, marié à N., vicomte de Beaussier ;

cf. Jeanne de Bréchard, mariée à Charles de Garnier de Falletans, dont : Hervé ; Céline ; Marie ; Guy ; Joseph et Thérèse de Falletans ;

cg. Henriette de Bréchard, morte en 1893 ;

ch. Albertine de Bréchard, visitandine ;

ci. Céline de Bréchard, carmélite ;

bd. Ernest de Montagu, marquis de Chailly, marié à N. de Maistre et mort sans postérité ;

be. Charlotte de Montagu, morte en 1871, mariée à Félix, comte de Mazenod, mort en 1877, dont : Marie de Mazenod, morte enfant, en 1853 ;

ab. Antoinette-Françoise de Montagu, mariée à Blaise de Florin ;

ac. Lazarette de Montagu ;

ad. Jeanne de Montagu.

23. CHARLES comte DE MUSY eut d'ARMANCE COSTA DE BEAUREGARD :

aa. Humbert, comte de Musy, mort en 1877, marié en 1854, à Odette Le Gouz de Saint-Seine, dont :

ba. Symphorien, comte de Musy, mort, sans postérité, en 1890, marié en 1883, à Laure de Rolland d'Arbourse, morte en 1895 ;

bb. Marie de Musy, mariée, en 1876, au comte Eugène de Prunelé, dont : Charles, Henry et Odette de Prunelé ;

ab. Victor de Musy, miraculé de Lourdes, curé de Chagny, mort en 1897 ;

ac. Geneviève de Musy, morte en 1887.

24. JEANNE-CONSTANCE DE MUSY eut de JEAN-BAPTISTE-VICTOR DE LA Rochette :

aa. Laure de la Rochette, morte en 1866, mariée, en 1835, à François-Victor du Jouhannel de Jenzat, mort en 1863, dont elle n'eut pas de postérité ;

ab. Ludivine de la Rochette, morte en 1823 ;

ac. Elzéar de la Rochette, mort en 1848.

25. FRANÇOISE-JOSÉPHINE DE MUSY a eu de GASPARD-FERDINAND, comte DE BROTTY D'ANTIOCHE :

aa. Céline d'Antioche, mariée à N. Thomé, comte de Saint-Cyr, dont : un fils assassiné, en 1849, à l'âge de 11 ans, par son précepteur laïque ;

ab. Alphonse, comte d'Antioche, mort en 1882, marié à Ferdinande-Adélie, comtesse de Hamal de Vierves, morte en 1893, dont :

ba. Adhémar, comte d'Antioche, marié, en 1884, à Marie-Marguerite de Talleyrand-Périgord, morte en 1890, dont : Simone d'Antioche ;

bb. Yolande d'Antioche, mariée, en 1880, à N , comte de Bellissen-Durban, dont : Madeleine, Bernard, Jean, Marie de Bellissen ;

bc. Marguerite d'Antioche.

26. JEANNE-HÉLÈNE DE MUSY a eu de PAUL-CAMILLE, comte D'ANGLARS DE BASSIGNAC :

aa. Gustave, marquis de Bassignac, mort en 1867, marié à Claire-Olympe de Bougainville, morte en 1893, dont :

ba. Marie-Anne de Bassignac, mariée à Victor de Saint-Sauveur-Bougainville, dont : Albert et Elisabeth de Saint-Sauveur ;

ab. Eugène de Bassignac, prêtre, mort en 1872 ;

ac. Edmond, comte de Bassignac, mort en 1892, marié en 1851, à Marie-Jeanne-Uranie de Calonne, morte en 1885, dont :

ba. Paul de Bassignac, mort en 1874.

bb. Fernand de Bassignac, mort en 1887 ;

bc. René de Bassignac, mort non marié ;

bd. Marie de Bassignac, mariée à Jules Vimal, dont : Aurélie ; René et Germaine Vimal ;

ad. Léon, comte de Bassignac, mort en 1894, marié, en 1864, à Aimée de Rongère ;

ac. Sophie de Bassignac, morte en 1881, mariée, en 1848, à Louis, comte de Sartiges de Sourniac, dont :

ba. Hélène de Sartiges, mariée, en 1867, à René de Ribier, dont : Raoul et Louis de Ribier ;

bb. Louise de Sartiges, mariée, en 1872, à Emmanuel Gillet d'Auriac, dont : Marguerite, mariée, en 1896, à Eugène André ; Isabelle ; Félicie d'Auriac, morte à 2 mois ;

bc. Aymon, comte de Sartiges, marié, en 1886, à Marie-Louise-Antoinette de Meynard, dont : Louis, mort à 15 jours ; Camille ; Aymonette, morte à un jour ; Christophe ; Colette ; Gonzague de Sartiges, mort à 8 mois ;

bd. Henriette de Sartiges, mariée en 1879, à Oscar de Ribier, dont : Magdeleine ; René ; Geneviève et Suzanne de Ribier ;

bc. Gauthier de Sartiges, né en 1858, mort à 18 mois ;

af. Fernande de Bassignac, veuve d'Eugène Thoury, qu'elle épousa en 1860 ;

ag. Eugénie de Bassignac, religieuse de la Visitation, morte en 1883 ;

ah. Henri de Bassignac, mort âgé de 5 ans ;

ai. Gabrielle de Bassignac, morte en 1843, à 20 ans ;

aj. Céline de Bassignac, morte en 1844, à 18 ans ;

ak. Charles de Bassignac, mort en 1840, à 21 ans ;

al. Marie de Bassignac, morte en 1853, à 17 ans.

27. Joseph-Raymond BABOIN eut de Françoise VALLET :

aa. Victoire, dite Victorine Baboin, née en 1793, mariée, en 1812, à Jean-Félix-Vital Gagnière, né en 1784, mort en 1846, dont :

ba. Joseph-Léon Gagnière, mort en 1852, marié à Louise Desmarest, morte en 1854 dont :

ca. Albert Gagnière, mort en 1888;

cb. Victoire-Madeleine-Françoise-Sabine Gagnière, mariée, en 1870, à Emmanuel de Berlhe, dont :

da. Renée de Berlhe, mariée, en 1891, au comte Ory de Perrotin de Bellegarde, dont : Hubert de Perrotin de Bellegarde;

bb. Pierre-Antoine-Wilfrid, Gagnière, mort en 1821, à 6 ans;

bc. Françoise-Marie-Justine Gagnière, morte en 1898, mariée, en 1842, à Flavien Ithier, dont :

ca. Jean-Gaston Ithier;

cb. Jeanne-Françoise-Béatrice-Ithier, mariée, en 1870, à son cousin Eugène Ithier, dont :

da. Louise Ithier ;

db. Alice Ithier, mariée, en 1897, à Elie Mathieu, dont : Béatrice Mathieu;

dc. Raoul Ithier;

dd. Frédéric Ithier ;

cc. Jeanne Wilfride Ithier, mariée à Henri Juillet, dont : Frédéric ; Gabriel et N. Juillet, mariée à Joseph Choux ;

cd. Juliette Ithier, mariée, en 1879, à Eugène Ronzier ;

bd. Flavie-Marguerite-Hélène-Wilfride Gagnière, mariée, en 1852, à Jules Exbrayat, dont :

ca. Joseph Exbrayat, marié à N. N., dont Wilfrid et Jules Exbrayat ;

cb. Clotilde Exbrayat, mariée, en 1888, à Auguste Durastel, dont : Victoire-Marielle et Marguerite Durastel.

28. JOSEPH-RAYMOND BABOIN eut d'ANNE-FRANÇOISE BOSSON :

aa. Joseph-Raymond Baboin, marié, en 1855, à Cécile Blanchet, dont :

ba. Paul Baboin, célibataire ;

bb. Louise Baboin, célibataire.

29. FLORENT BABOIN eut de PÉTRONILLE MIÈGE :

aa. Aimé Baboin, mort en 1870, marié, en 1838, à Marie-Louise Bonhomme, morte en 1896, dont :

ba. Henri Baboin, marié, en 1859, à Léoncie Blanchet, dont :

ca. Emile Baboin, marié, en 1887, à Thérèse Jobert, dont : Aimé Baboin ;

cb. Léonce Baboin, marié, en 1896, à Marguerite Marrel, dont : Germaine Baboin ;

cc. Madeleine Baboin, mariée, en 1886, à Charles Saint-Olive, dont : Henri ; René et Hélène Saint-Olive ;

bb. Auguste Baboin, marié, en 1865, à Marie-Isabelle Charrin, morte en 1875, dont :

ca. Amédée Baboin, marié, en 1893, à Jeanne Cuchet, dont : Jean et Emma-Marie-Marcelle Baboin ;

cb. Eugène Baboin ;

cc. Jean Baboin, mort jeune ;

cd. Emma Baboin, mariée, en 1889, à Paul Sauzet, dont : Isabelle ; Marguerite ; Paul ; Yvonne et Pierre Sauzet ;

ce. Marie Baboin ;

bc. Aimé Baboin, célibataire ;

bd. Emile Baboin, mort jeune ;

ab. Emma Baboin, morte en 1856, mariée, en 1824, à Paul Sauzet, né en 1800, mort en 1876, défenseur des ministres de Charles X, député du Rhône, garde des sceaux, ministre de la Justice et des Cultes, président de la Chambre des députés, grand-officier de la Légion d'honneur, dont plusieurs enfants morts en bas-âge.

ac. Joséphine Baboin, mariée à N. Dussourd, dont :

ba. Amédée Dussourd, mort célibataire ;

bb. Tony Dussourd, marié à N. Chaurand et mort sans postérité ;

bc. Gabrielle Dussourd, mariée à Martial Tasseau-Mainvielle, dont :

ca. Jeanne Tasseau-Mainvielle, mariée, en 1870, à Xavier Garin, dont : Paul Garin, marié, en 1898, à Hélène Houel ;

cb. Emma Tasseau-Mainvielle, mariée, en 1870, à Gustave Doyon, dont : Gabrielle Doyon, mariée, en 1891, à Louis Poncet, dont : Paul-Claude-Marie-Jacques Poncet ;

ad. Elisa Baboin, mariée à N. Panaye, mort en 1844, dont :

ba. Marie Panaye, mariée à Antonin Trillat, dont :

ca. Paul Trillat, marié à N. N. ;

cb. Marguerite Trillat, mariée à Louis Rougier, dont postérité ;

bb. Anatole Panaye, mort sans alliance ;

bc. Elysée Panaye, mort sans alliance ;

bd. Louis Panaye, mort de même ;

ac. Jules Baboin, mort sans alliance.

30. Appolonie BABOIN eut de Jean-Baptiste-Guillaume SAUZET :

aa. Paul Sauzet, marié à Emma Baboin (v. note 29) ;

ab. Romain Sauzet, né en 1804, mort en 1872, marié, en 1836, à Rose Sauzey, dont :

ba. Juan Sauzet, marié, en 1865, à Alice Perras, dont :

ca. Paul Sauzet, marié à Emma Baboin (v. note 29) ;

bb. Paul Sauzet, tué à la guerre en 1870 ;

bc. Emma Sauzet, morte en 1895, mariée, en 1858, à Aristide Dumont, dont :

ca. Berthe Dumont, mariée, en 1881, au comte Roland du Breil de Pontbriand, dont : Robert, André, Roland, Fernand, Albert, Aliette, Emma et Gabrielle de Pontbriand;

cb. Mathilde Dumont, mariée, en 1883, à Gabriel Bournisien dont : Jacques ; Christian ; Marcelle ; Yvonne ; Georges et Magdeleine Bournisien ;

cc. Gabriel Dumont ;

cd. Alice Dumont ;

bd. Blanche Sauzet, mariée, en 1868, à Jules Cuchet, dont : Romuald ; Gabriel ; Jeanne, mariée à Amédée Baboin (v. note 29) ; Alice Cuchet ;

bc. Thérèse Sauzet, morte à 20 ans environ.

31. Claire BABOIN eut de Jean-François ROBERT :

aa. Louis, baron de Robert, né en 1792, mort en 1860, marié, en 1833, à Anne-Marie Stolz, morte en 1871, dont :

ba. Francis de Robert ;

bb. Paul de Robert, marié, en 1871, à Marie Klang, dont : Paul-Louis-François de Robert ;

bc. Claire de Robert, mariée, en 1866, au baron de Eker-Ekoven, mort en 1896, dont : Emma ; Edgard-Conrad ; Berthe et Othon de Eker-Ekoven ;

bd. Victorine de Robert, mariée à Frédéric Vanniek, dont : Fritz-Oscar ; Elsa, morte, en 1880, à un an ; Marguerite Vanniek ;

be. Emma de Robert, mariée, en 1854, à son cousin Jules Robert et morte sans postérité, en 1859 ;

bf. Jeanne de Robert, mariée, en 1869, à Emile Waschitz ;

ab. Florent Robert, né en 1795, mort en 1870, marié, en 1823, à Annette Fischer, morte en 1832, dont :

ba. Jules Robert, mort en 1886, marié d'abord à Emma Robert, sa cousine, puis, en 1861, à Fanny Schindler ; il a eu de la première :

ca. Louis Robert, mort en 1894 ;

cb. Justin Robert, marié, en 1896, à N. de Eker-Ekoven ;

cc. Juliette Robert, mariée, en 1878, au baron Proz-Kowetz, dont quatre enfants ;

cd. Jules Robert, marié, en 1894, à N. N. ;

ce. Stéphanie Robert, mariée, en 1889, à N. Paumgarten, dont trois enfants :

cf. Clara Robert, mariée, en 1892, à Oscar Kosnner, dont deux enfants :

cg. Fleury Robert, marié, en 1872, à N. N. ;

ch. Fany Robert, mariée, en 1898, à N. N. ;

ac. Sylvain Robert, né en 1793, mort en 1866, marié, en 1825, à Hortense François, morte en 1870, dont :

ba. Francisque Robert, marié, en 1852, à Marie-Camille Teisseire, dont :

ca. Marguerite Robert, mariée, en 1873, à Hugues, baron Durand-Delporte, dont : Marie, mariée, en 1897, à N. Renard ; Hugues et Pierre Durand-Delporte ;

cb. Cécile-Mathilde Robert, mariée, en 1879, à Siméon Allizon, dont : Cécile ; Francis ; Pierre ; Paul ; Marcelle et Jean Allizon ;

cc. Marie-Louise Robert, mariée, en 1886, à Edmond Delphin, dont : Camille ; Thérèse ; Paul ; Hugues et Edmond Delphin ;

ad. Benjamin Robert, né en 1799, mort en 1867, marié, en 1823, à Mariette Denard, née en 1795, morte en 1839, dont :

ba. Clarisse Robert, morte, en 1874, mariée, en 1844, à Johanne Poix, dont : Benjamin Poix, mort en 1860, à 15 ans ;

bb. Joséphine Robert, mariée, en 1844, à Antoine Hours, mort en 1888, dont :

ca. Robert Hours, marié d'abord, en 1876, à Lucie Ouvière, morte en 1882, dont : Joséphine ; Antoinette et Louis Hours ; Robert Hours s'est remarié, en 1886, à Cécile de Rozière, dont : Marie ; Henri et Robert Hours ;

cb. Joseph Hours, marié, en 1877, à Elise Forcheron, dont : Marguerite ; Francis ; Emma et Joseph Hours ;

cc. Marie Hours, mariée, en 1867, à son cousin Paul-Robert, mort en 1871, dont :

da. Romane Robert.

Marie Hours s'est remariée, en 1875, à Edmond Pic, mort en 1887, dont :

db. Eugénie Pic ;

dc. Edmond Pic ;

cd. Joséphine Hours;

ce. Emma Hours, abbesse des Clarisses de Grenoble;

cf. Francis Hours, mort, en 1880, à 21 ans;

ac. Joseph-Reymond Robert, né en 1801, mort en 1874, marié d'abord à Emma Rey, morte en 1867, dont il n'eut pas de postérité, puis, en 1858, à Sophie Roche, morte en 1897, dont :

ba. Reymond Robert, non marié;

bb. Jules-Joseph Robert, marié, en 1896, à N. Charavel, morte en 1897;

af. Justin Robert, né en 1806, mort en 1870, marié, en 1834, à Joséphine Baumeyer, dont :

ba. Lucie Robert, mariée, en 1860, à Gustave Zimmerman et morte en 1866, sans postérité;

bb. Joséphine Robert, mariée, en 1867, à Frédéric, baron de Lowenstern, dont : Adélaïde-Georgine, mariée, en 1887, au baron François-Emile-Fritz de Laniken-Wakenitz;

ag. Romain Robert, né en 1797, mort en 1859, marié, en 1825, à Pauline-Agathe d'Anthony, morte, en 1872, à 68 ans, dont :

ba. Louis Robert;

bb. Justine Robert, morte en 1874, mariée, en 1849, à Louis Forcheron, morte en 1893, dont :

ca. Elise Forcheron, mariée, en 1877, à Joseph Hours;

bc. Hortense Robert, mariée, en 1857, à André Roux, dont :

ca. Amélie Roux;

cb. Elise Roux, mariée, en 1881, à Louis Pétillat, mort en 1889, dont : René et André Pétillat;

bd. Paul Robert, marié, en 1867, à sa cousine Marie Hours, dont :

ca. Romane-Henri Robert, marié, en 1890, à Marguerite Pic, dont : Claire ; Marie-Louise ; Paul ; Léon et Joseph Robert ;

be. Léonie Robert, mariée, en 1860, à Jules Bruchon, mort en 1894, dont : Paul Bruchon ;

ah. N. Robert, mariée à N. Allizon.

31 *bis*. Claire-Catherine BABOIN a eu de Joseph-Edmond GRIL :

aa. Joseph Gril, mort célibataire ;

ab. Alexandrine Gril, née en 1793, morte en 1845, mariée, à Alexandre Allizon, mort en 1840, dont :

ba. Louise Allizon, morte en 1887, mariée en 1837, à Auguste Michel, mort en 1887 ; sans postérité ;

bb. Anaïs Allizon, mariée à N. Didier, et morte, en 1844, sans postérité ;

bc. Aglaé Allizon, morte en 1887, mariée, en 1831, à Joseph Baboin, mort en 1888, à 91 ans, dont :

ca. Joséphine Baboin, née en 1833, mariée, en 1856, à Henry Picat, dont : Victor, mort célibataire, en 1883, à 26 ans; Henry Picat, marié à sa cousine Anna Baboin, dont trois enfants ;

cb. Hortense Baboin, mariée à Joseph Rivière, dont : Charles, Arthur et Ferdinand Rivière ;

cc. Léonie Baboin, morte en 1883, mariée, en 1863, à Arthur Enfantin, mort, en 1882, sans postérité ;

cd. Edouard-Romain Baboin, marié à N. Marchand, dont : Anna Baboin, mariée à son cousin Henry Picat ;

bd. Alexandrine Allizon, morte en 1894, mariée à Adolphe Revol, mort, en 1885, dont :

ca. Marie Revol, mariée à N. Bouvarel;

cb. Léon Revol, marié à N. Donat, dont : Adolphe; Alexandrine et Jean Revol;

cc. Alexandre Revol;

bc. Edmond Allizon, mort en 1865;

bf. Justine Allizon, mariée, en 1850, à Jean Robin, mort en 1873, dont :

ca. Louis Robin, mort, en 1891, marié à Emilie Bouvier, dont : Emile; Marie et Louise Robin;

cb. Paul Robin, marié à Amélie Soubras, dont : Jeanne et Joseph Robin.

32. ADÈLE BABOIN DE LA BAROLLIÈRE eut de SÉBASTIEN GAILLARD :

aa. Fleury Gaillard, mort en 1881;

ab. Auguste Gaillard, mort, en 1888, marié, en 1846, à Albane de Neuvesel, morte en 1877, dont :

ba. Edith Gaillard, carmélite, morte en 1898;

bb. Alix Gaillard, morte, en 1883;

bc. Marie Gaillard, mariée à Eugène Neyrand (v. note 13);

bd. Louise Gaillard, mariée, en 1881, à Louis M'R'oë, dont : Geogina; Louis; Melchior; François, Alix et Albane M'R'oë;

ac. Sébastien Gaillard, jésuite, mort en 1882;

33. JEANNE DE FERRUS eut de CLAUDE-CHRYSANTHE DE CRÉMEAUX, marquis DE LA GRANGE :

aa. Pierre-Joseph de Crémeaux, clerc tonsuré;

ab. Renaud-Barthélemy de Crémeaux, marquis de la Grange et d'Entragues, baron de Chazey, né en 1709, marié à Marie-Anne Le Clerc, dont :

ba. Charles-Emmanuel de Crémeaux d'Entragues, marquis de Crémeaux, baron de Chazey, chevalier de Saint-Louis, maréchal des camps et armées du Roi, né en 1740, mort, en 1794, sur l'échafaud révolutionnaire, marié à Jeanne-Louise d'Huart du Parc, morte, en 1808, à 55 ans.

34. Hugues-Louis de FERRUS de VENDRANGES eut de Jacqueline-Françoise de PROHENQUES de PLANTIGNY :

aa. Barthélemy de Ferrus de Plantigny, né en 1761, lieutenant au régiment de Guyenne, un des principaux chefs de l'armée lyonnaise pendant le siège de 1793, après lequel il fut fusillé, marié, en 1788, à Anne-Françoise-Dominique Nicolau de Montribloud, née en 1761, dont :

ba. Françoise-Louise de Ferrus de Plantigny, née en 1789, mariée, en 1805, à Jean-Baptiste Ravel de Montagny, (v. note 18) ;

bb. Louise-Etiennette-Françoise, dite Elisa de Ferrus de Plantigny, née en 1790, morte en 1879, mariée, en 1811, à Jean-Baptiste-Louis-Antoine de Romanet, marquis de Lestrange, né en 1779, dont :

ca. Théodore de Romanet, marquis de Lestrange, marié, en 1845, à Caroline de Lestrange, dont :

da. Audouin, comte de Lestrange, marié, en 1883, à Adélaïde de Drouas, dont : Gui; Henri; Pierre; Marguerite; Jacques; Catherine et Marie de Lestrange;

db. Alice de Lestrange, mariée, en 1873, à Charles Boyer, baron de Fonscolombe-la-Mole, dont :

ea. Emmanuel de Fonscolombe;

eb. Jacques de Fonscolombe;

ec. Hubert de Fonscolombe;

ed. Marie de Fonscolombe, mariée, en 1896, à Jean de Saint-Exupéry, dont : Madeleine et Simone de Saint-Exupéry;

ea. Madeleine de Fonscolombe;

cb. Charles de Lestrange, qui périt, en revenant d'Amérique, lorsque sombra le paquebot *Le Lyonnais;*

ce. Gabrielle de Lestrange, morte en 1892, mariée d'abord à N. Mathussier de Mercœur, puis au baron Jean-Baptiste-Louis de Vinols, mort en 1860; elle a eu du premier :

da. Louise de Mercœur, mariée, en 1856, à Anatole de Cassagnes de Beaufort, marquis de Miramon-Fargues, dont :

ea. Edith de Miramon, mariée, en 1883, à N. de Sinéty, dont : Yvonne; Henri et Louis de Sinéty;

eb. Gabriel de Miramon, marié, en 1898, à Marie de Rougé;

ec. Julien-Joseph-Louis de Miramon, mort, en 1871, à 13 ans;

cd. Joséphine de Lestrange, mariée, en 1839, à Adolphe, comte de Murard, mort en 1891, dont :

da. Marc de Murard, mort à 17 ans, en 1857;

db. Blanche de Murard, mariée, en 1863, au comte Albert de Monteynard, dont : Robert; Guillaume et Marie, morts jeunes; Gabrielle de Monteynard;

dc. Gabrielle de Murard, mariée, en 1885, au comte Henri de Chabannes, dont : Pierre; Marie; Germaine et Catherine de Chabannes;

bc. Suzanne-Louise-Sabine de Ferrus de Plantigny, née en 1791, morte en 1857, mariée, en 1823, à Abel-Lambert-Marie Bottu de Limas, chevalier de Saint-Louis, officier au régiment de Saintonge, dont :

ca. Anna de Limas, mariée, en 1842, à Eusèbe de Cotton (v. note 4);

cb. Emilie de Limas, mariée, en 1845, à Ludovic Le Mau de Talancé, mort en 1891, dont :

da. Louis de Talancé, marié, en 1882, à Isabelle Allard, dont : Yvonne; Robert; Guy; André; Valentine et Hubert de Talancé;

db. Pauline de Talancé, religieuse du Sacré-Cœur;

dc. Paul de Talancé, marié d'abord, en 1889, à Jeanne de Tricaud, morte en 1892, puis, en 1895, à Marguerite de Surville-Lattier; il a de celle-ci : Charles de Talancé;

cc. Jean de Limas, mort en 1894, marié d'abord, en 1856, à Louise-Marie-Caroline de Rancher, morte à 24 ans, en 1860, dont :

da. Suzanne de Limas, morte en 1883, mariée, en 1882, à Arthur Le Caruyer de Beauvais, mort en 1889, dont Jean de Beauvais;

db. Jeanne de Limas, mariée, en 1884, à Samuel Blaudin de Thé, dont : Joseph; Henri et Marie de Thé.

Jean de Limas s'est remarié, en 1862, à Marie-Sophie-Renée Cazin d'Honinchtun, morte en 1869, dont :

dc. Sabine de Limas, mariée, en 1888, à Auguste de Toytot, dont : Jeanne; Germaine et Claire de Toytot;

dd. Régis de Limas;

de. Claire de Limas, morte jeune;

df. Joseph de Limas, mort jeune.

Jean de Limas a épousé, en troisièmes noces, en 1871, Marie-Félicité-Julie Pettit, dont :

dg. Marie de Limas ;

dh. Germaine de Limas, morte jeune;

ab. Louis-François de Ferrus, né en 1762, clerc tonsuré, mort pensionnaire à la Grande Chartreuse;

ac. Marie-Emilie-Lucie de Ferrus, née en 1763, morte en 1843, mariée, en 1789, à Jean-Antoine de Boisset des Mailles, secrétaire du Roi, mort en 1818, dont :

ba. Zoé de Boisset, morte en 1816, marié, en 1812, à Jean-Ferdinand Hélie, administrateur général des finances du royaume de Naples, mort à 94 ans, en 1873, dont :

ca. Antoinette-Claudine-Eudoxie Hélie, morte en 1813;

cb. Joséphine-Françoise-Eudoxie Hélie, morte en 1847, mariée, en 1837, à Pierre Dullin, mort en 1888, dont :

da. Amélie-Joséphine Dullin, religieuse du Sacré-Cœur, morte en 1888;

db. Ferdinand Dullin, marié d'abord, en 1871, à Marie de Cotton, morte en 1878 (v. note 4.); puis en 1881, à Alix Sordet, de laquelle il a eu : Jeanne-Marie, morte en 1882; Pierre-Marie-Alfred; Pierrette-Marie; Etienne-Marie; Henri-Charles-Joseph; André-Clément Dullin, mort en 1898;

dc. Françoise-Louise Dullin, religieuse de la Visitation;

dd. Zoé-Amilca Dullin, mariée, en 1865, à Albert Arminjon, mort en 1870, dont : Fernand, mort en 1870; Paul-Henri-Pierre Arminjon;

de. Marie-Félicie Dullin, mariée, en 1866, à Camille Laissus, dont :

ea. Marie Laissus, mariée, en 1890, à Adrien Dénarie, dont : Camille et Emmanuel Dénarie ;

eb. Eugène-Alexis Laissus ;

ec. Zoé-Marie Laissus ;

ed. Amélie-Fernande Laissus ;

bb. Marie-Emilie-Françoise de Boisset, née en 1790, mariée, en 1813, à Henry Vidal, marquis de Lirac, né en 1789, dont :

ca. N. de Lirac, mariée, en 1844, à N. Berlin, dont :

da. René Berlin, marié, en 1881, à N. Rochetin, dont une fille ;

cb. Gabriel de Lirac ;

cc. Charles de Lirac, marié, en 1843, à N. de Viriville, dont : Alix ; Agathe ; Charles ; Blanche et Camille de Lirac ;

cd. Hippolyte de Lirac, marié, en 1874, à N. Désarbres ;

ce. Camille de Lirac, marié, en 1854, à N. Baudet de Terraud, dont :

da. Henri de Lirac, marié, en 1881, à N. d'Aigremont, dont : Maurice de Lirac ;

db. Mathilde de Lirac, religieuse de l'Assomption ;

dc. Charles de Lirac, marié, en 1893, à N. Revel, dont : André et Suzanne de Lirac ;

bc. Catherine-Amélie de Boisset, née en 1793, mariée, en 1817, à Camille-François-Hyacinthe de Carmes de la Brugnière, né en 1791, dont :

ca. Ivan-Marie-Adolphe de la Brugnière, marié d'abord, en

1845, à Virginie de Grolée-Viriville, puis, en 1849, à Hilda de Montalet-Alet, dont :

da. Marie de la Brugnière;

db. Alix de la Brugnière;

dc. Valentine de la Brugnière;

Une d'elles a épousé N. Vanel de Lisleroy, dont : Mathilde; Alix; Paule et Yvonne de Lisleroy;

Une autre s'est mariée au marquis Charles de Gondy, dont :

ea. Marie de Gondy, femme de N., marquis Patrizi, dont : Marie et Patrice Patrizi;

bd. Barthélemy-Hippolyte de Boisset des Mailles, né en 1793, marié, en 1817, à Marie Rambaud, née en 1798, morte en 1876, dont :

ca. Victor de Boisset, marié, en 1842, à Marie-Rose Grubis de l'Isle, dont :

da. Marguerite de Boisset, mariée à Gaston Giron, dont : Marthe; Justin et Pierre Giron;

db. Auguste de Boisset, mort en 1897;

dc. Hippolyte de Boisset, mort en 1871;

cb. Charles de Boisset, mort en 1896, marié, en 1852, à Claudine-Françoise Aynard, morte en 1892, dont :

da. Maurice de Boisset, marié, en 1884, à Marguerite de Clavière, dont : Charles; Roger et Inès de Boisset;

db. Henry de Boisset, mort en 1896, marié en 1885, à Edith Audras de Béost, dont : Jacques et Suzanne de Boisset;

cc. Louise Zoé de Boisset, morte en 1846, mariée, en 1845, à Charles-René Sauvage de Saint-Marc.

35. Barthélemy-Hugues de FERRUS de VENDRANGES eut de Marie de FOURNILLON de BUTTERY :

aa. Marie-Lucie de Ferrus, née en 1785, morte en 1832, mariée, en 1806, à Victor Dauphin de Verna, né en 1775, mort en 1841, dont :

ba. Louis, baron de Verna, mort en 1895, marié à Hippolyte de Chaponay, morte en 1844, dont :

ca. Victor, baron de Verna, marié en 1883, à Eugénie de Cavailhès dont : Malcy et Emilienne de Verna ;

cb. Marie de Verna, mariée, en 1859, à Joseph de Lombard, vicomte de Montchalin, mort en 1897, dont : Edme ; Jacques et Marie de Montchalin ;

bb. Félicien de Verna, mariste ;

bc. Augustin de Verna, mariste ;

bd. Joseph, baron de Verna, mort en 1895, marié d'abord, en 1850, à Marie Jullien, morte en 1852, dont :

ca. Xavier de Verna, mort en 1888.

Joseph de Verna s'est remarié à Marie-Louise de Pierre de Bernis, dont :

cb. Geneviève de Verna ;

cc. Albéric de Verna, marié, en 1893, à Louise-Pauline-Jeanne Giraud, dont : Simone et Pauline de Verna ;

cd. Aymar de Verna, marié, en 1891, à Noémi de la Boulaye, dont : Marie-Joseph-Aleth de Verna, morte à 2 ans ;

be. Gabrielle de Verna, mariée à Fortuné de Pélissier-la-Coste, dont :

ca. Pauline de Pélissier, mariée à César, comte de Blanchetti, dont : Charles ; Louis ; Joséphine, mariée à Hélion de

Villeneuve-Esclapon, dont : Romée de Villeneuve ; Berthe de Pélissier, mariée à Robert de Puget de Barbentane, et Marie, non mariée ;

bf. Louise de Verna, mariée, en 1836, à Léon de Pavin de la Farge, mort en 1877, dont :

ca. Raphaël de la Farge, mort en 1885, marié, en 1862, à Blanche de Vincens de Causans, morte en 1877, dont :

da. Léon de la Farge ;

db. Edouard de la Farge, marié, en 1897, à N. Jourdier ;

dc. Emmanuel de la Farge ;

dd. Valérie de la Farge, mariée, en 1887, à Henri Albanel, dont : Charles et Blanche Albanel ;

de. Louise de la Farge, mariée d'abord, en 1886, au vicomte Jean de la Guéronnière, marquis de Joryac, puis à Léon de Bernard de Talode du Grail ;

df. Marie-Thérèse de la Farge, mariée, en 1890, au baron Henri de Barrin, dont : Raphaëlle de Barrin ;

dg. Laure de la Farge, carmélite ;

dh. Paule de la Farge, carmélite ;

cb. Thérèse de la Farge, mariée, en 1861, à Joseph de Bernard de Talode du Grail, dont :

da. Léon du Grail, marié d'abord, en 1893, à Yvonne de Maismont, dont : Jeanne du Grail ; puis à sa cousine Louise de Pavin de la Farge, veuve de Jean de la Guéronnière ;

db. Edouard du Grail, marié, en 1892, à Yvonne de Cramzel de Kerhué ;

dc. Camille du Grail, mariée, en 1886, à Henri de

Gaillard de la Valdène, dont : Marie-Thérèse ; Léopold ; Emeric ; Jean ; Yvonne et Robert de Gaillard ;

dd. Marguerite du Grail, mariée, en 1892, à Joseph de Malbosc, dont : François et Yvonne de Malbosc ;

de. Agnès du Grail ;

bg. Marie de Verna, religieuse du Sacré-Cœur, morte en 1858 ;

bh. Suzanne de Verna, religieuse du Sacré-Cœur ;

bi. Fanny de Verna, morte en 1887, mariée, en 1842, à Scipion, comte de Michalon, mort en 1858 ;

bj. Alexandrine de Verna, morte célibataire ;

ab. Marie-Emilie-Sulpice de Ferrus, née en 1786, mariée, en 1809, à François de Tircuy de Corcelle, né en 1774, dont elle n'eut pas de postérité ;

ac. Marie-Julie de Ferrus, née en 1790, mariée, en 1813, à Barthélemy-Jules-Edouard d'Orlier de Saint-Innocent, né en 1782, dont :

ba. Léon, marquis de Saint-Innocent, marié, en 1840, à Laure du Breul de Sainte-Croix, dont :

ca. Adolphe, marquis de Saint-Innocent, marié, en 1871, à Léa de Montmort dont : Odette et Eliane de Saint-Innocent ;

cb. Gabriel, comte de Saint-Innocent, marié, en 1873, à Délie de Scey de Brun, dont : Jean ; Hubert et Germaine de Saint-Innocent ;

cc. Sosthène de Saint-Innocent, mort célibataire ;

cd. Fenella de Saint-Innocent, mariée, en 1866, à Amédée de la Barge de Certeau, marquis d'Ozenay (v. note 5) ;

ce. Marie de Saint-Innocent, mariée, en 1869, à Paul-Antoine-Simon de Mullot de Villenaut, mort en 1874, dont :

Gabriel; Jeanne, mariée, en 1895, au vicomte Alfred de Buyer-Mimeure; Yolande de Villenaut.

36. MARIE GARNIER DE BOISSONNE a eu de PAUL BARBIER DES LANDES :

aa. Paul-Michel-Gabriel-François Barbier des Landes, né en 1762;

ab. Louis Barbier de Charly, né en 1768, mort en 1835, marié à Catherine-Antoinette-Eulalie de Vissaguet de Chomelix, dont :

ba. Paul-François-Marie de Charly, marié, en 1834, à Louise-Thérèse-Victoire de Brosse, dont :

ca. Marie-Marguerite-Sophie de Charly, mariée, en 1855, à Léon-François-Gabriel de Dreuille.

37. ARMAND DE CERTAINES eut de JEANNE-CATHERINE DE BRETAGNE :

aa. Antoine-Louis, vicomte de Certaines, marié, en 1787, à Joséphine-Marie Portes de Kemgston.

38. PIERRE-CONSTANT, marquis DE CERTAINES eut de MARIE-ANNE-FRANÇOISE WALSH DE SERRANT :

aa. Edmond, marquis de Certaines, mort, en 1873, marié, en 1825, à Delphine-Marie-Louise de Viel-Lunas d'Espeuilles, morte, en 1853, dont :

ba. Berthe de Certaines, chanoinesse de Sainte-Anne de Bavière, morte, en 1890;

bb. Joseph, marquis de Certaines, mort, en 1889, marié, en 1854, à Marie-Thérèse-Charlotte de Rougé, dont :

ca. Edme, marquis de Certaines, marié, en 1887, à Eugénie Gautier, dont : Joseph; Pierre; Charles; Marie-Louise; Marthe et Monique de Certaines;

cb. Noémi de Certaines, mariée, en 1879, au vicomte François de Lancrau de Bréon, dont : Roger; Charlotte; Claire et Isabelle de Bréon;

cc. Marthe de Certaines, mariée, en 1878, au comte Arthur de Lancrau de Bréon, dont : Alphonse; Joseph; Marie-Thérèse et Mathilde de Bréon;

ab. Adèle de Certaines, morte en 1858, mariée au comte Théobald Walsh, sans postérité.

39. Jean-Baptiste JOURJON eut de Catherine TURGE :

aa. Simond Jourjon, qui est probablement le prêtre, curé de Valeilles, en Forez, en 1782.

40. Jean-Fleury JOURJON eut d'Agathe GONNON :

aa. Fleury Jourjon, vivant en 1777.

41. Mathieu-André JOURJON eut de Jeanne SIMOND ou de Catherine, aliàs Jeanne-Marie-Aimée ROYET, ses deux femmes, 32 enfants, entre autres :

aa. N. Jourjon, femme de N. Ronzil;

ab. Thècle-Victoire Jourjon (2ᵉ lit), mariée, en 1803, à Jean-Aimé Jovin des Hayes, dont :

ba. Anne-Marie Jovin des Hayes, morte en 1885, mariée, en 1821, à Henri Jordan de Sury, mort en 1872, dont :

ca. Aimé Jordan de Sury, marié à Alice Humann, dont :

da. Henri Jordan de Sury, marié à N. de Gouvion de Saint-Cyr;

db. Marthe Jordan de Sury, mariée à N. de Bichiran;

dc. Marie Jordan de Sury, morte en 1891, mariée à Raoul d'Assier, dont : Jean d'Assier, mort en 1898 ;

cb. Henry Jordan de Sury, mort en 1862 ;

cc. Camille Jordan de Sury, mariée à Edmond Humann, dont :

da. Raoul Humann, marié à Marie Perrault de Chézelles, dont : Jacques ; Edith et Alice Humann ;

db. Jean Humann, marié à Marie d'Humez ;

dc. Robert Humann ;

cd. Edith Jordan de Sury, mariée, en 1853, à Henri Dugas, dont :

da. Camille Dugas, marié, en 1887, à Marie de Champigny, veuve d'Emile Boigne ;

ac. N. Jourjon de Gouttenoire, chevalier de Saint-Louis, mort en 1849, dont une fille mariée.

42. LOUISE JOURJON eut de CLAUDE DE LA COUR :

aa. Agathe de la Cour, mariée à Antoine Peillon ;

ab. Thècle de la Cour ;

ac. Claude-Simon de la Cour de la Colombière ;

ad. Anne-Marie de la Cour, mariée à Antoine Piaud ;

ae. Anne de la Cour, mariée à Clément-Athanase Gaultier du Rivet, sieur de Valdurèze et des Brets, dont postérité.

43. NICOLAS DE TRUCHIS eut de Madeleine CHARLENT :

aa. Charles de Truchis, capitaine au régiment d'Aunis infanterie, commandant d'un bataillon à l'hôtel royal des Invalides, chevalier de Saint-Louis, mort en 1779 ;

ab. Anne-Françoise de Truchis, entrée, en 1723, à la maison royale de Saint-Louis, à Saint-Cyr;

ac. Charlotte de Truchis, entrée à la maison de l'Enfant-Jésus, à Paris;

ad. François de Truchis, baron du Môle, capitaine au régiment d'Ogny et de la Marine, né en 1735, guillotiné à Chalon-sur-Saône, en 1794, marié, en 1768, à Marthe Blanchard, dont :

ba. Charles de Truchis, baron du Môle, né en 1771, émigré, rentré en France en 1801, chevalier de Saint-Louis, marié à Gertrude Royer, dont :

ca. Marthe de Truchis, mariée à N. Royer;

bb. Antoine-François de Truchis, né en 1773, émigré et disparu;
bc. N. de Truchis, femme de N. Villot de la Praye;

ae. Antoine-François de Truchis, chevalier de Saint-Louis, commandant de la ville de Dôle, né en 1729, marié, en 1775, à Françoise Rouget, dont trois enfants morts sans postérité.

44. Charlotte de TRUCHIS eut de N. de MAGNIEN de CHAILLY :

aa. N. de Magnien de Chailly, officier aux Gardes Françaises;

ab. N. de Magnieu de Chailly.

45. Pierre FORCHERON eut de N. N. :

aa. Raymond Forcheron, marié à N. Couturier, dont :

ba. Louis Forcheron, marié à Justine Robert (v. note 31);

ab. Charles Forcheron, mort en 1831, marié à N. Couturier; sans postérité.

46. N. FORCHERON eut de N. N. :

aa. Un fils qui émigra en Espagne.

47. CLAUDE FORCHERON eut de MARIE IVRAD :

aa. Claude-Pierre Forcheron, né en 1769, mort en 1850, marié, en 1797, à Henriette-Julie Vinay de Crozat, dont :

ba. Venance-Sylvain Forcheron, mort en 1852, marié, en 1829, à Chérie-Magdeleine Crozier-Regnault, morte en 1890, dont :

ca. Claude-Emile Forcheron, mort en 1894, marié, en 1875, à Isabelle Dalin, dont :

da. Madeleine Forcheron, mariée au vicomte Joseph de Goÿs de Mézeyrac, dont : Isabelle de Goÿs ;

db. Emilie Forcheron, mariée au vicomte Raymond de Goÿs de Mézeyrac, dont : Marguerite de Goÿs ;

cb. Paul Forcheron, marié, en 1863, à Marie de Montgolfier ;

bb. Juliette Forcheron, morte sans postérité de son mariage avec N. Reymond.

48. MARIE GIRAUD DE MONTBELLET eut de JEAN-FRANÇOIS DE FOURNILLON DE BUTTERY :

aa. Elisabeth de Fournillon de Buttery, née en 1744, morte en 1770, mariée en 1769, à Félicien-Eugène de Badier, comte de Verseille, chevalier de Saint-Louis, capitaine de grenadiers au régiment de Flandre ;

ab. Suzanne-Gabrielle de Fournillon de Buttery, née en 1745, mariée, en 1771, à Charles-Henry de Gayardon, comte de Grézolles, page de la grande écurie du Roi, lieutenant-colonel de cavalerie au régiment de Royal-Piémont, né en 1741, mort en 1819, dont :

ba. Emilie de Gayardon de Grézolles, née en 1771, morte en 1832, mariée, en 1800, à Hugues, vicomte de Chaponay, officier au régiment de Rouergue infanterie, chevalier de Saint-Louis, mort à 77 ans, en 1847, dont :

ca. Marie-Anne-Suzanne-Hilaire de Chaponay, mariée, en 1830, à Prosper du Portroux, dont :

da. Emilien du Portroux, marié à Marie de Mauléon ; sans postérité ;

cb. Henriette-Suzanne de Chaponay, mariée, en 1828, à Alphonse, baron d'Ewrard de Courtenay, mort en 1863, dont :

da. Joséphine de Courtenay, religieuse de Saint-Thomas de Villeneuve ;

db. Clément, baron de Courtenay ;

dc. Henry de Courtenay ;

dd. Alexandrine de Courtenay ;

de. Ursule de Courtenay ;

df. Eugène de Courtenay ;

dg. Marie de Courtenay ;

dh. Joseph de Courtenay ;

di. Victor, baron de Courtenay, marié à Mathilde Perret de la Vallée, dont : Raoul de Courtenay ;

dj. Hilaire de Courtenay, mariée à Charles de Cavailhès, dont :

ea. Léonie de Cavailhès, mariée à Louis Burtin, dont : Henriette ; Camille ; Charles et Elisabeth Burtin ;

eb. Camille de Cavailhès, prêtre ;

ec. Eugénie de Cavailhès, mariée, au baron Victor-Dauphin de Verna (v. note 35) ;

ed. Joseph de Cavailhès, marié à Louise Jiciobi ;

dk. Sophie de Courtenay, mariée, en 1863, à Charles Petitjean de la Garde, dont :

ea. Etienne de la Garde, marié à N. de Givenchy, dont : Marguerite-Marie de la Garde ;

dl. Adèle de Courtenay, mariée à Henri Coujard de la Verchère, dont :

ea. Clémentine de la Verchère, mariée à Louis Rérolle, dont : Henri Rérolle ;

eb. Marie de la Verchère ;

ec. Louise de la Verchère ;

ed. Marguerite de la Verchère ;

ee. Ambroise de la Verchère ;

ef. Madeleine de la Verchère ;

cc. Hippolyte de Chaponay, mariée à Louis Dauphin, baron de Verna (v. note 35) ;

cd. Henri, comte de Chaponay, mort en 1878 ;

ac. Marie de Fournillon de Buttery, née en 1747, mariée, en 1773, à Aymard-Joseph Dauphin de Verna, baron de Saint-Romain, mort victime de la Révolution, dont :

ba. François de Verna, né en 1773, mort en 1838, marié, en 1801, à Denise de Digoine du Palais, née en 1783, morte en 1865, dont :

ca. Zélie ou Zéline de Verna, morte en 1884, mariée en 1824, à Alexandre-Balthazard d'Hilaire de Jovyac, dont :

da. Eléonore d'Hilaire, morte à 20 ans ;

db. Gabrielle d'Hilaire, morte en 1884, mariée, en 1861, à Henri de Bovis, dont :

ea. Denise de Bovis, mariée à Emile de Fontvert ;

eb. Edmée de Bovis, mariée à N. Reynaud, dont deux filles ;

ec. Louis de Bovis, marié à N. Payan d'Augéry, dont : une fille et un fils ;

dc. Ernest d'Hilaire, mort, en 1852, à 22 ans ;

cb. Laure de Verna, morte en 1829, mariée, en 1823, à Charles-Lin-Félix de Valence de Minardière, dont :

da. Adèle de Valence, née en 1824, morte en 1833 ;

db. Alfred de Valence, marié d'abord, en 1852, à Marie-Anne Rogniat, morte en 1854, dont :

ea. Laure de Valence, religieuse de la Croix.

Alfred de Valence s'est remarié, en 1859, à sa cousine Aglaé Sarton du Jonchay, morte en 1872, dont :

eb. Guy de Valence, marié, en 1882, à sa cousine Marie-Eustavie-Suzanne de Valence, dont cinq enfants ;

ec. Paul de Valence, marié, en 1898, à Gabrielle Berthin ;

ed. François de Valence, né en 1863, mort en 1867 ;

ee. Jean de Valence, marié, en 1897, à Anne des Bouillons ;

ef. Charles de Valence, né en 1868, mort en 1893 ;

eg. Valentine de Valence, née en 1870, morte en 1888 ;

dc. Paul de Valence, né en 1827, mort en 1855 ;

dd. Charles de Valence, né en 1829, mort en 1833;

cc. Augustine de Verna, mariée à Adolphe Duplessis de Pouzilhac, dont :

da. Raoul Duplessis, marié à Marie de Jouenne d'Esgrigny, dont : Louis; Georges et Amélie Duplessis;

db. Albert Duplessis, marié à Elisabeth Joullier (ou Jugnet), dont : Henri et Paul Duplessis;

dc. Agathange Duplessis, marié à N. Rigaud, dont : Raoul Duplessis;

dd. Jeanne Duplessis, mariée à Edmond Morin, dont : René Morin;

de. Paul Duplessis, marié à Laure Mignard, dont : André; Pierre Duplessis, mort à 5 mois;

df. Marguerite Duplessis, morte à 11 ans;

dg. Guillaume Duplessis, mort en naissant;

cd. Théodore de Verna, mort à 2 ans;

ce. Eugène de Verna, mort à 15 ans;

bb. Eugène de Verna, marié, en 1808, à Alexandrine-Claudine-Elisabeth de Gayardon de Grézolles, née en 1780;

bc. Victor de Verna, marié à Marie-Lucie de Ferrus de Vendranges (v. note 35);

ad. Jeanne-Louise-Gabrielle de Fournillon de Buttery, née en 1752, mariée, en 1776, à Charles-Mathieu Béraud de Resseins, officier au régiment de Picardie;

ae. Marie de Fournillon de Buttery, née en 1754, mariée, en 1782, à Barthélemy-Hugues de Ferrus (v. note 35).

49. Françoise-Thérèse GIRAUD de MONTBELLET eut d'Henri-Frédéric de la PIMPIE de GRANOUX :

aa. Jean-Baptiste de la Pimpie de Granoux, mort, en 1828, sans postérité de son mariage avec N. de Salignac de la Mothe-Fénelon.

50. Jeanne-Louise-Gabrielle GIRAUD de MONTBELLET eut de Pierre TROCU de la CROZE d'ARGIL :

aa. Louis Trocu de la Croze d'Argil, né en 1750, lieutenant au régiment d'Autun et dans les grenadiers royaux, volontaire à l'armée de Condé, chevalier de Saint-Louis, mort sans alliance, en 1830 ;

ab. Antoine-François Trocu de la Croze d'Argil, né en 1758, chevalier de Saint-Louis, lieutenant aux régiments de Royal-Navarre et de Royal-Conti, volontaire à l'armée de Condé, capitaine au régiment de Bussy, puis commandant, colonel de gendarmerie, marié, en 1825, à Hélène de Rectoz, dont :

ba. Gédéon d'Argil, mort jeune ;

bb. Melchior, marquis d'Argil, marié, en 1866, à Henriette-Livie de Monspey, dont : Albert d'Argil, mort et marié, en 1898, à N. de Fontenay ;

ac. Pierrette-Françoise Trocu d'Argil, née en 1760, mariée, en 1788, à Louis de Pignier, lieutenant au régiment de Maurienne, dont :

ba. Jenny de Pignier, née en 1792, morte en 1866, mariée, en 1815, à son oncle Jean-Baptiste de Pignier, né en 1780, mort en 1862, dont :

ca. Louis de Pignier, mort en 1896, marié, en 1842, à Mathilde de Manuel de Locatel, morte en 1876, dont :

da. Caliste de Pignier, marié, en 1878, à Emilie Nazard,

dont : Auguste ; Mathilde et Victor-Emmanuel de Pignier ;

db. Charles de Pignier, marié, en 1890, à Marie-Louise d'Anduze, dont une fille ;

dc. Gabrielle de Pignier, mariée, en 1871, à Norbert Mudry, mort en 1897, dont : Louis ; Xavier et Marie-Mathilde Mudry ;

dd. Delphine de Pignier ;

de. Valentine de Pignier, ursuline ;

bb. Octavie de Pignier, née en 1801, morte en 1871, mariée, à Ferdinand Jacquier, né en 1790, mort en 1861, dont :

ca. Françoise-Fanny Jacquier, mariée à Louis-Marie-François Mudry, dont :

da. Norbert Mudry, marié à Gabrielle de Pignier ;

db. Louise Mudry, mariée, en 1871, à Victor-Elie de Cobert, dont : Fernand et Charles de Cobert ;

cb. Louis Jacquier, baron de Vaujany, marié, en 1885, à Blanche, comtesse Sparivini, dont : Louis Jacquier ;

cc. Jean-Baptiste Jacquier, marié, en 1864, à Marie Jacquier, sa cousine, dont :

da. Ferdinand Jacquier ;

db. Jeanne Jacquier, mariée à Marcel Brochon du Verdier, dont : Philippe ; Jeanne et Serge Brochon du Verdier ;

ad. Françoise-Marie-Jeanne Trocu d'Argil, née en 1762, morte en 1836.

51. Jean GIRAUD, baron de MONTBELLET, a eu de Claudine-Barthélemie CROPPET de VARISSAN ;

aa. Georges-Marie, baron de Montbellet, capitaine de cavalerie, né en 1761, marié à Marie-Julie Pauline de Colbert, morte en 1855, à 85 ans, dont :

ba. Alexandrine-Anne de Montbellet, née en 1788, morte en 1826, mariée, en 1806, à Daniel Bellet de Tavernost, né en 1770, mort en 1836, dont :

ca. Paul, baron de Tavernost, mort en 1872, marié, en 1845, à Claire Guillon de Loëze, dont :

da. Roger, baron de Tavernost, marié, en 1873, à Thérèse Gillet de Valbreuze, morte, en 1892, dans la catastrophe de Saint-Gervais, dont : Caroline, morte de même ; Antoinette et Paul de Tavernost ;

db. Pierre de Tavernost, marié, en 1878, à Augustine Brunet de Presles ;

dc. Antoine de Tavernost, marié, en 1880, à Gabrielle de Maupas ;

dd. André de Tavernost, marié, en 1885, à Marie de Jullien de Pégueirolles, dont : Paule ; René et Ludovic de Tavernost ;

de. Abel de Tavernost ;

df. Etienne de Tavernost, marié, en 1891, à Hermine de Laurencin-Beaufort dont : Isabelle ; Yvonne et Ludovic de Tavernost ;

cb. Isabelle de Tavernost, morte en 1879 ; mariée, en 1847, à Gabriel Bourlier, baron d'Ailly, dont :

da. Madeleine d'Ailly, mariée, en 1873, à Charles-François-Alban, comte de Brosses ; dont : Pierre ; André ; Joseph ; Gabrielle ; Marguerite ; Monique et Renée de Brosses ;

db. Jacques d'Ailly, marié, en 1888, à Thérèse de Chapelle de Jumilhac, et mort sans postérité ;

dc. Jeanne d'Ailly, mariée d'abord, en 1885, au vicomte Roger de Lauriston, puis en 1894, au comte Gabriel de Nettancourt-Vaubecourt :

dd. Marie-Thérèse d'Ailly, mariée, en 1886, au comte Jules de Murat de l'Estang, dont : Fernand ; Isabelle et Alice de Murat ;

bb. Hélène-Pauline de Montbellet, née en 1794, mariée, en 1814, à Léon Bernard de la Vernette-Saint-Maurice, dont :

ca. Gustave, comte de la Vernette-Saint-Maurice, mort en 1890, marié, en 1849, à Adèle de Clavière, morte en 1893, dont :

da. Valentine de Saint-Maurice, mariée, en 1875, à Hippolyte Le Beschu de Champsavin, dont postérité ;

db. Paul, comte de Saint-Maurice, marié, en 1894, à Louise de Sibeud de Saint-Ferriol ;

dc. André, vicomte de Saint-Maurice ;

bc. André, baron de Montbellet, mort célibataire en 1876 ;

bd. Luce de Montbellet, mariée à Jean-Baptiste-Alexandre Aymon de Montépin, né en 1780, mort en 1862 ;

be. Adèle de Montbellet, mariée, à Jules Aymon de Montépin, pair de France, dont :

ca. Lucie de Montépin, morte en 1863, mariée à N. Imbert, vicomte de Balorre, dont :

da. Charles, vicomte de Balorre, marié à N. de Cossart d'Espiés, dont postérité.

52. CLAUDE BONNAND eut de CLAUDINE HARAND :

aa. François-Didier Bonnand, né en 1734, mort en 1752 ;

ab. Antoinette Bonnand, femme, en 1766, de Jean-Baptiste Bayon, notaire royal de Saint-Didier en Velay.

53. François BOTTU de SAINT-FONDS eut de Marthe BERTIN :

aa. Marianne Bottu de Saint-Fonds, morte en 1793, mariée, en 1733, à Dominique Dujast, seigneur d'Ambérieu, secrétaire du Roi, mort en 1747, dont :

ba. Marthe-Marie Dujast d'Ambérieu, née en 1734, mariée, en 1759, à Philippe-Marie Grumel de Montgaland, conseiller en la Cour des monnaies de Lyon, dont :

ca. Anne-Marie-Antoinette Grumel de Montgaland, née en 1759, mariée, en 1778, à Claude Bouquet des Chaux, né en 1757, officier d'infanterie aux grenadiers royaux, dont :

da. Jean-Claude-Marie Bouquet des Chaux, mort en 1836, à 55 ans, marié, en 1798, à Pierrette-Pétronille Bouquet de Lignières, dont :

ea. Antonie des Chaux, mariée, en 1816, à Adrien Merle ;

eb. Pierrette-Claudine des Chaux, mariée, en 1824, à Henri Merle ;

ec. Claude-Jean-Victor des Chaux, mort en 1870, marié, en 1831, à Xavérine-Laure Hüe de la Blanche ;

ed. Jacques-Marie-Alexandre Bouquet de Lignières, marié à Charlotte-Mélanie Chavannes ;

ee. Gaspard-Ferdinand des Chaux, marié à N. Meilheurat des Virots ;

cb. Gabrielle-Madeleine Grumel de Montgaland, née en 1761, mariée, en 1789, à Alexandre-Paul-Jean-Joseph-Marie d'Ogier, né en 1749, mort en 1827, officier au régiment d'Orléans dragons, chevalier de Saint-Louis, dont :

da. Philippe d'Ogier, mort en 1832 ;

db. Marthe-Andrée d'Ogier, mariée à Jean-Claude-Bernard Bally, dont :

ea. André Bally, marié à N. N. ;

eb. Marie Bally, mariée à N. Girerd ;

ec. Hermance Bally, mariée à N. Verrière, puis à N. Cheylard ;

ed. Francisque Bally ;

bb. Louise-Françoise Dujast d'Ambérieu, née en 1735, morte en 1775, mariée, en 1758, à Durand de la Mure du Poyet, seigneur de la Mure, du Poyet et Magnieu-Hauterive, dont, entre autres enfants :

ca. Anne-Pierrette-Jeanne de la Mure, née en 1759, morte en 1823, mariée d'abord, en 1774, à Claude-Vital Grozellier de Chénereilles, seigneur de Chénereilles, mort en 1782, puis en 1788, à Jean-Baptiste Arthaud de Viry, seigneur de Lisle, officier de dragons au régiment de Jarnac, chevalier de Saint-Louis, né en 1758, mort en 1838 ; elle eut du premier lit :

da. Anne-Hiéronyme de Chénereilles, née en 1778, mariée à N. Vimal-Lajarrige ;

db. Madeleine de Chénereilles, mariée, en 1801, à Jacques Martinet, dont : N. Martinet, mariée à N. Allier ;

dc. Pierre-Durand de Chénereilles, marié à Catherine Croizier, dont : Alexandre de Chénereilles, mort en 1835.

Anne-Pierrette-Jeanne de la Mure a eu de son second mariage :

dd. André Arthaud de Viry, né en 1789, mort en 1849, marié à Antoinette-Blaisine-Aglaé Denis de Cuzieu, née en 1780, veuve de Jean-Guy-Gabriel Arthaud de Viry, dont :

ea. Antoine-André-Jean-Baptiste Arthaud de Viry, mort en 1868 ;

cb. Marie-Marthe-Bernardine de la Mure, née en 1763, morte en 1846, mariée à Martin Quessizol, né en 1760, mort en 1825 ;

cc. Marie-Jéronime de la Mure, mariée, en 1778, à Jean-François Pélardy, bailli de la Roue et Saint-Anthème ;

cd. Jeanne-Marie de la Mure, née en 1769, morte en odeur de sainteté, mariée, en 1795, à Jean-Marie Salles, avocat au bailliage de Forez, châtelain de Marcilly, sieur de Foris ;

ce. Catherine-Charlotte-Bernardine de la Mure, née en 1771, mariée, en 1787, à Jacques-François Punctis de Cindrieux, magistrat en la sénéchaussée de Forez, et remariée, en 1799, à Louis Morillon ;

cf. Marguerite-Jeanne-Claudine de la Mure, née en 1773, mariée, en 1797, à Pierre Courajod, d'où un fils, prêtre, missionnaire, mort en 1883, et une fille non mariée ;

bc. Pierre Dujast d'Ambérieu, né en 1739, syndic de la noblesse de Bugey, mort en 1821, marié, en 1765, à Lucresse Dareste d'Albonne de Rozarge, morte en 1822, dont :

ca. Abraham-Jean-Blaise-Roch Dujast d'Ambérieu, né en 1766, mort en 1847 ;

cb. Marie-Amélie-Jéronime Dujast d'Ambérieu, née en 1773, morte en 1861, mariée, en 1796, à Jean-Marie de Tricaud, capitaine de grenadiers au régiment de Lyonnais, mort en 1797, dont :

da. Adolphe, comte de Tricaud, mort en 1872, marié, en

1824, à Marie-Henriette-Adélaïde du Marché, morte en 1896, dont :

ea. Léopold, comte de Tricaud, mort en 1885, marié, en 1853, à Gabrielle-Marie-Alix de Lestrange :

eb. Gustave, comte de Tricaud, mort en 1895, marié, en 1856, à Anne-Marguerite-Marie-Louise de Vergnette de la Motte ;

bd. Dominique-Christofle Dujast des Alimes, né en 1742, officier au régiment de Foix, marié, en 1777, à Marie-Antoinette de Gertoux, dont :

ca. Alix-Ange Dujast des Alimes, marié à N. La Coste, dont :

da. Henri Dujast des Alimes, marié, en 1847, à N. Estevez, dont :

ea. Joseph Dujast des Alimes, marié à N. Perez de Laya ;

db. Jeanne-Eulalie Dujast des Alimes, morte en 1865, mariée à Charles-Marie Galbaud-Dufort, dont :

ea. Charles Galbaud-Dufort, marié, en 1877, à Antoinette de Béjarry ;

be. Alexis Dujast de Vareilles, né en 1743, chevalier de Saint-Louis, capitaine au régiment d'infanterie de Soissonnais, lieutenant de Roi d'Ambérieu, marié, en 1783, à Justine-Charlotte de Montluzin de Gerland ;

bf. Marie-Gabrielle Dujast d'Ambérieu, née en 1738, mariée, en 1764, à François-Joseph-Mamert de Jussieu de Montluel, conseiller en la Cour des Monnaies de Lyon, né en 1729, mort en 1797 ;

ab. François-Marie Bottu, seigneur de Saint-Fonds et de Limas, lieutenant d'infanterie au régiment d'Enghien, maître des eaux et forêts de Beaujolais, marié, en 1747, à Jeanne de la Font d'Aubonne, dont :

ba. Abel-Nicolas-Marie Bottu de Saint-Fonds, né en 1750, officier au corps royal d'artillerie, qui n'eut pas de postérité d'Anne-Françoise Barthelot d'Ozenay, morte en 1817 ;

bb. Abel Lambert-Marie Bottu de Limas, né en 1751, chevalier de Saint-Louis, officier au régiment de Saintonge, marié d'abord, en 1790, à Anne-Marie Michon, veuve de Roch-François-Antoine de Quinson de Poncin, puis à Suzanne-Louise-Sabine de Ferrus de Plantigny (v. note 34) ;

bc. Etienne-François-Lambert-Marie Bottu de Saint-Fonds, officier au régiment de Limousin, mort à 29 ans, en 1784 ;

bd. Jean-Baptiste-Mathieu Bottu de Saint-Fonds, né en 1760, cadet gentilhomme au régiment de Foix, mort au service ;

be. Claude-Aimé Bottu de Saint-Fonds, prêtre, né en 1765 ;

ac. Nicolas Bottu de Saint-Fonds, capitaine au régiment de Boulonnais, chevalier de Saint-Louis ;

ad. Marie-Aimée Bottu de Saint-Fonds, religieuse à Lyon, au monastère des Colinettes ;

ae. N. Bottu de Saint-Fonds, religieuse de Sainte-Elisabeth, à Lyon.

54. Gabriel-André de LENFERNA eut de Constance-Antoinette de MASSOL :

aa. Jean-Joseph-Guillaume de Lenferna, seigneur de la Resle et de Gurgy, né en 1734, marié d'abord, en 1761, à Marie de Lenferna, puis, en 1770, à Elisabeth-Sophie Le Muet ; de celle-ci :

ba. Joseph-Anne-Georges de Lenferna, né en 1771, marié à Françoise de Mullot de Villenaut, dont :

ca. Pierre-Joseph-Alexandre, marquis de Lenferna, né en

1806, marié à Henriette-Anne-Marie Chalmberg, morte en 1875, dont :

da. Eugène-Ambroise-Joseph-Adolphe de Lenferna, mort prêtre ;

db. Marthe de Lenferna, mariée, en 1877, à Amédée Heulhard de Montigny ;

ab. Georges-Odon de Lenferna, seigneur de la Resle, capitaine de cavalerie, chevau-léger de la garde ordinaire du Roi, né en 1738, marié, en 1769, à Louise-Marie Chevalier d'Avigneau, dont :

ba. Albert de Lenferna, marié à N. Parent, dont :

ca. Alexandre de Lenferna, marié à Nathalie Vyau de la Garde, dont :

da. Louise-Marie-Marguerite de Lenferna, mariée, en 1866, à Victor du Verne ;

db. Albert de Lenferna, marié à Madeleine Lamalle, dont postérité ;

ac. Edme-François de Lenferna, lieutenant au régiment de Guyenne infanterie ;

ad. François-Bernard de Lenferna, né en 1749, clerc tonsuré ;

ae. Odette-Constance de Lenferna, née en 1740, reçue à Saint-Cyr.

55. Charles-Roch de LENFERNA eut d'Henriette-Françoise LE VUYT de MAUMORT :

aa. François de Lenferna, seigneur d'Aurolles, chevalier de Saint-Louis, capitaine au régiment de Béarn infanterie, né en 1733, marié, en 1770, à Anne-Jeanne Charpentier de la Barre, dont :

ba. Alexandre de Lenferna, né en 1772 ;

ab. Cécile-Charlotte de Lenferna, née en 1742, mariée, en 1771, à François Le Comte de Fontaine-Moreau.

56. FRANÇOISE-THÉRÈSE DURRET eut de GUILLAUME CHARRIER DE LA ROCHE.

aa. Jean-Baptiste Charrier, baron de la Roche-Jullié, né en 1734, président en la Cour des Monnaies de Lyon, lieutenant particulier en la sénéchaussée, président du Conseil supérieur établi à Lyon par le chancelier Meaupou, décapité après le siège de Lyon, marié en 1764, à Claudine-Octavie Cholier de Cibeins, née en 1746, dont :

ba. Guillemette-Antoinette Charrier de la Roche, mariée, en 1788, à Pierre-Marie-Anne d'Harenc de la Condamine, né en 1760, page du comte d'Artois, capitaine aux cuirassiers du Roi, admis à monter dans ses carrosses en 1786, mort en 1839, dont :

ca. Claude-Marie-Madeleine-Scholastique, marquis d'Harenc de la Condamine, né en 1801, mort en 1866, sans postérité de N. de Veyny d'Arbouze ;

cb. Jeanne-Marie-Françoise-Caroline d'Harenc de la Condamine, née en 1805, chanoinesse de Sainte-Anne de Bavière, morte en 1869 ;

bb. Alexandrine-Louise-Marie Charrier de la Roche, morte à 78 ans, en 1862, mariée, en 1802, à Aimé-Louis-Henri-Tobie, marquis de Monspey, chevalier de Saint-Louis, mort à 71 ans, en 1848, dont :

ca. Octave, marquis de Monspey, mort, à 76 ans, en 1879, marié à Louise de Luzy de Pellissac, dont :

da. Marguerite de Monspey, mariée, en 1874, au comte Magnus de Sparre, dont : Marie ; Eric et Catherine de Sparre ;

cb. Ferdinand, marquis de Monspey, mort, à 75 ans, en 1879,

marié à Alexandrine de Busseul, morte, à 41 ans, en 1859, dont :

da. Henri, marquis de Monspey, marié, en 1873, à Alix-Marie de Sinéty, dont : Sophie, religieuse ; Louis ; Alexandrine de Monspey, morte à 4 ans ;

db. Caroline de Monspey, mariée, en 1863, à N., comte de Dormy de Vesvre, dont : Edith, mariée à Jean Vaille ; Joseph ; Octave ; Gonzague et Louise de Dormy ;

dc. Livie de Monspey, mariée, en 1865, à Melchior Trocu de la Croze, marquis d'Argil (v.note 50) ;

dd. Olympe de Monspey, mariée, en 1875, à Charles de Roche de Lonchamp, dont : Gabriel ; Ferdinand ; Octavie et Marie de Lonchamp ;

de. Marie de Monspey, mariée, en 1869, à Jules-Edmond de Boutechoux, comte de Chavannes, dont : Léopoldine, mariée, en 1889, à Hippolyte Giraud de la Boulie ; Charlotte, mariée, en 1893, à Henri de Ponnat ; Joseph ; Marie de Chavannes, mariée, en 1895, au baron Félix de Beauregard ;

df. Sophie de Monspey, morte en 1859 ;

cc. Maxime, comte de Monspey, mort en 1884, à 78 ans, marié, en 1837, à Lucile de Drée, sans postérité ;

cd. Louise-Antoinette-Pauline-Albine de Monspey, morte à 46 ans, en 1855, mariée, en 1836, à Frédéric-Charles, baron Le Roy de Buxière d'Aillac, mort, en 1861, à 57 ans, dont :

da. Ludowine de Buxière, mariée, en 1863, au comte Louis de Moreton de Chabrillan ;

db. Sara de Buxière, morte, en 1860, à 21 ans ;

dc. Jacques de Buxière, mort en 1852, à 10 ans ;

ce. Anselme, comte de Monspey, né en 1814, marié, en 1840, à Léa de Beaufort-Créquy, dont :

da. Mathilde de Monspey, ursuline, morte, en 1864, à 23 ans ;

db. Louis, comte de Monspey, mort, laissant de Marthe Chagrin de Brullemail, qu'il avait épousée, en 1874 : *ea.* Henry de Monspey ;

dc. Alice de Monspey, mariée, en 1869, à Raoul de Brach, dont :

ea. Pietre de Brach, marié, en 1895, à Marie-Antoinette de Chomereau ;

cf. Louise-Charlotte-Marie-Ida de Monspey, née en 1812, morte en 1886, mariée, en 1837, à Edouard, comte de Montebize, décédé en 1853, dont :

da. Annonciade-Marie-Armande de Montebize, mariée, en 1862, à René-Pierre, comte de Croy-Chanel, dont : Geneviève ; Henry et Joseph de Croy-Chanel ;

cg. Louis-Augustin-Rodolphe-Berthold, comte de Monspey, mort, en 1854, à 41 ans, sans s'être marié ;

ch. Louise-Félicie-Antoinette-Marie de Monspey, mariée, en 1837, à André, comte de Bizemont, mort en 1879, dont :

da. Aimé de Bizemont, prêtre ;

db. Eudoxie de Bizemont, mariée, en 1859, à Léon de Besnard, baron de Sauveterre de Saint-Loup, dont :

ea. Thérèse de Sauveterre, mariée, en 1891, à Charles d'Orsanne ;

eb. Henriette de Sauveterre, ursuline ;

ec. Xavier de Sauveterre ;

ed. Gabrielle de Sauveterre ;

ee. Marie de Sauveterre ;

dc. Hector, comte de Bizemont, marié, en 1876, à Alice d'Oyron, dont : Henri ; Joseph ; Marguerite et Marie de Bizemont ;

dd Adrien, vicomte de Bizemont, marié, en 1872, à Mathilde Le Bailly d'Inghuem, dont : Noémi de Bizemont, morte, en 1893, à 14 ans ;

de. Irma de Bizemont, religieuse de l'Immaculée-Conception ;

df. Caroline de Bizemont ;

dg. Louise de Bizemont ;

ci. Zélie de Monspey, née en 1818, morte en 1887, mariée, en 1845, à Louis, baron de Séréville, dont :

da. Calixte, baron de Séréville, marié, en 1877, à Louise Monnier de la Sizeranne ;

db. Paul de Séréville, marié, en 1881, à Sophie des Francs, dont : Louise ; Henri ; Joseph et Paule de Séréville ;

dc. Marthe de Séréville, mariée, en 1874, au général baron Rebillot, dont : Béatrix Rebillot ;

dd. Berthe de Séréville, mariée, en 1882, à Louis de Beauséjour, dont : Marie-Thérèse et Jean de Beauséjour ;

cj. Calixte de Monspey, mort célibataire en 1840 ;

ck. Adélaïde de Monspey, ursuline ;

cl. Edwige de Monspey, mariée, en 1846, au comte Adolphe de Prédelys, dont :

da. Marie de Prédelys, mariée, en 1872, au baron Paul de Serres de Mesplès, dont : Joseph ; Geneviève ; Samuel ; Alix et Olivier de Serres ;

cm. Louise-Lutgarde-Clémentine de Monspey, mariée, en 1851, à Charles-Auguste-Armand d'Aleyrac d'Aigremont, dont :

da. Henri, baron d'Aleyrac, marié, en 1881, à Madeleine Robert de Beauregard, dont : Alain d'Aleyrac;

db. René, baron d'Aleyrac, marié, en 1880, à Marguerite de Colombet, dont : Geneviève; Alice et Robert d'Aleyrac;

dc. Charles d'Aleyrac, mort en 1871, à 18 ans;

ab. Louis Charrier de la Roche, né en 1738, chanoine d'Ainay, docteur de Sorbonne, prieur de Bois-la-Salle, seigneur des Tours, grand vicaire de l'archevêque de Lyon, prévôt-curé d'Ainay, député aux Etats Généraux en 1789, évêque de Versailles, baron de l'Empire, mort en 1827;

ac. Jacques-Catherin Charrier de la Roche, seigneur de Grigny, lieutenant aux Gardes Françaises, chevalier de Saint-Louis, mort en 1815, marié, en 1775, à Suzanne-Christophe de la Frasse de Seynas, dont :

ba. Guillemette-Hippolyte Charrier de la Roche de Grigny, née, en 1775, mariée à Sébastien-Claude de Senneville, préfet de police à Lyon, substitué aux nom et armes de Charrier;

ad. Marie-Marguerite-Gertrude Charrier de la Roche, mariée, en 1750, à Etienne-Lambert de Ferrari, comte de Romans, chevalier de Saint-Louis, lieutenant de Roi de Bresse et Bugey, capitaine au régiment de Lyonnais, dont :

ba. Guillaume-César, comte de Romans-Ferrari, page de la Dauphine, lieutenant au régiment Dauphin dragons, vivant en 1789, marié à N. de la Frasse de Sury, dont :

ca. Hippolyte, comte de Romans-Ferrari, mort célibataire, en 1858.

cb. Hyacinthe-Suzanne-Claudine de Ferrari de Romans, morte

en 1879, mariée à Victor Chollet, baron du Bourget, mort en 1866, dont :

da. Victor-Hyacinthe-Camille, baron du Bourget, gentilhomme de la Chambre du roi de Sardaigne, mort en 1881, marié à Claudine-Armande-Blanche de Regnauld de Parcieu, dont :

ea. Marie-Françoise-Hyacinthe du Bourget, mariée, en 1856, à Ernest de Salteur, marquis de la Serraz;

cc. Jules, comte de Romans-Ferrari, marié, en 1834, à Hortense-Geneviève-Marianne, princesse de Bauffremont-Listenois;

cd. Charles, comte de Romans-Ferrari, officier de cavalerie, mort en 1850, marié, en 1825, à Catherine-Hippolyte de Merlin de Saint-Didier de Louvat, sa cousine germaine, morte en 1846, dont :

da. Ernest, comte de Romans-Ferrari, mort en 1896, marié, en 1859, à Marie-Louise de Bernard de Montessus, dont : Charles, comte de Romans-Ferrari; Marie, mariée, en 1884, à Louis de Rivoire; Charlotte-Marie-Marguerite de Romans;

db. Césarine de Romans, religieuse du Cénacle;

bb. Claude-César de Romans, chanoine d'Ainay, né en 1751;

bc. Jean-Baptiste de Romans, né en 1753, lieutenant au régiment de Bretagne;

bd. Françoise-Thérèse de Romans, mariée, en 1772, à Antoine-Isidore de la Roche-Grosbois, mousquetaire du Roi, dont :

ca. Ferdinand, baron de la Roche-la-Carelle, mousquetaire, mort en 1866, marié à Jeanne-Claudine-Marie-Thérèse Collabaud de Juliénas;

be. Jean-Baptiste-Blanche de Romans, page de la comtesse de Provence, né en 1755 ;

bf. Jacques-Catherin-Hugues-César de Romans, qui servit dans la Marine, puis chanoine d'Ainay ;

bg. Louis-Fleury de Romans, chanoine de Saint-Paul ;

bh. Hippolyte-Claudine de Romans, mariée à N. de la Coste, sans postérité ;

bi. Charlotte-Françoise de Romans, mariée à son cousin germain Jean-Baptiste Agniel de Chênelette, né en 1739, lieutenant-colonel d'artillerie, chevalier de Saint-Louis, un des plus renommés lieutenants du général de Précy, pendant le siège de Lyon, dont :

ca. Théodore, comte de Chênelette, mort en 1880, marié, en 1832, à Louise-Suzanne-Ernestine Michon de Vougy, morte en 1878, dont :

da. Marie de Chênelette, mariée, en 1858, à Léon Boulard, comte de Gatellier, dont : Louise, religieuse du Cénacle ; Maurice ; Charles, marié, en 1892, à Thérèse Le Rebours ; Esther de Gatellier, religieuse du Cénacle ;

db. Rémy, comte de Chênelette, marié, en 1864, à Léontine Dauger, dont : Henri ; Jean ; Catherine ; Adrienne, mariée, en 1893, à Henri de Saint-Pierre ; Suzanne, mariée, en 1898, au baron Maurice de L'Escaille ; Henriette de Chênelette, mariée, en 1893, à Fleury de Saint-Charles ;

dc. Albert de Chênelette, mort en 1859, à 22 ans ;

dd. Valentine de Chênelette, morte en 1860, à 17 ans ;

cb. Claudine-Marie-Etienne-Hyacinthe de Chênelette, née en 1788, mariée, en 1813, à Balthazar-Augustin Hubert, baron de Saint-Didier, né en 1779, dont :

da. Ennemond, baron de Saint-Didier, marié à Pauline Férès, dont : Fernand, marié, en 1885, à Geneviève de Vallée; Béatrice, mariée, en 1866, à Gaston d'Entraigues; Berthe et Isabelle de Saint-Didier;

db. César de Saint-Didier, marié à N. de Gallembert;

dc. Cyrille de Saint-Didier, mort en 1880, marié à N. de Lastic, dont : Yvonne, mariée, en 1893, au vicomte Henri de Lastic; Henriette et Odette de Saint-Didier;

dd. Clémence de Saint-Didier, religieuse de Saint-Vincent-de-Paul;

de. Victorine de Saint-Didier, mariée à Charles Le Clerc, marquis de la Verpillière, mort en 1866, dont : Théodore, marié à Jeanne-Julie-Thérèse Moulun; Pauline de la Verpillière, mariée, en 1865, à Alphonse de Garnier des Garets;

bj. Hélène-Marie de Romans, mariée, en 1787, à Aimé-Bernard, comte de Royer de Saint-Micault, capitaine de dragons, dont :

ca. Victorine de Saint-Micault, née en 1788, morte en 1856, mariée, en 1811, à N., baron de Jarsaillon, né en 1774, mort en 1860, dont :

da. Thaïs de Jarsaillon, mariée, en 1838, à Léon, marquis d'Avout, dont : Itier, marié, en 1866, à Jeanne de Perrey; Edgar, marié, en 1872, à Angèle de la Rocque de Chanfrey; Jeanne d'Avout, mariée, en 1873, à N., baron du Verger de Saint-Thomas;

bk. Blanche de Romans, mariée à N. de Merlin de Saint-Didier, comte de Louvat, dont :

ca. Hippolyte-Catherine de Louvat, mariée, en 1825, à son cousin germain Charles, comte de Romans-Ferrari;

bl. Olympe de Romans, morte en 1850, mariée à N. Trollier de Jousselin, sans postérité.

57. MARIE VÉROT eut de LÉONARD BORNE :

aa. Barthélemy Borne du Buisson, né en 1703;

ab. Jean Borne, seigneur du Buisson, né en 1702, mort en 1777, marié, en 1730, à Hélène Rigaud, dont :

ba. Barthélemy de Borne, né en 1732, mort en 1784, marié, en 1765, à Alexie Goutalier, sans postérité;

bb. François-Philippe-Marie Borne-Deria, chevalier, né en 1733;

bc. Jeanne-Louise Borne, née en 1737, mariée, en 1763, à Antoine-François de Madières, avocat en parlement, seigneur de Vernoilles, dont :

ca. Hélène de Madières, née en 1766, morte en 1843, mariée, en 1786, à Damien Battant de Pommerol, avocat en parlement, président du Tribunal civil de Montbrison, né en 1763, mort en 1849, dont :

da. Alexie-Pauline-Laurence de Pommerol, née en 1789, morte en 1812;

db. Claire-Hélène de Pommerol, morte en 1818;

dc. Etienne-Marie-Pascal de Pommerol, mort en 1846, marié, en 1836, à Louise-Marie-Antoinette-Eugénie Chamboduc de Saint-Pulgent, morte en 1894, dont :

ea. Marie-Anne-Laurence de Pommerol, mariée à Jean de Courtin, comte de Neufbourg;

dd. Auguste de Pommerol, mort en 1875, marié, en 1827, à Françoise-Elisabeth Parat, morte en 1882, dont :

ea. Raymond de Pommerol, mort, en 1872, sans postérité de Napoléone-Marie-Albine du Couédic de Kergoualer;

eb. Louis de Pommerol, mort à 21 ans environ;

ec. Hélène-Philiberte de Pommerol, mariée, en 1849, à Alexandre Jullien, mort en 1898;

bd. Jean-Baptiste-Elisabeth Borne, né en 1738, docteur en théologie, chanoine et baron de Saint-Just de Lyon, prieur commendataire de Saint-Philibert de Nicelle;

be. André de Borne de Gagères, chevalier de Saint-Louis, commandant au corps royal des grenadiers, né en 1740, mort en 1812, marié, en 1789, à Marie-Claire d'Allard, morte en 1818.

58. Louise VÉROT eut de Jean-Baptiste CUSSET :

aa. Marguerite-Louise Cusset, née en 1719, mariée, en 1755, à Joseph-Antoine Michel;

ab. Etienne-Barthélemy Cusset, né en 1729, frère servant de l'Ordre de Malte, mort en 1793;

ac. N. Cusset de Saint-Germain, marié à N. N., dont :

ba. Adélaïde-Madeleine Cusset de Saint-Germain, femme de Jacques-Philippe Miron.

59. Jeanne de la ROUE eut de Jacques MICHEL :

aa. Bonaventure Michel, prêtre, docteur de Sorbonne, promoteur général de l'archevêché de Lyon, sacristain de l'église Saint-Thomas de Fourvière, né en 1669;

ab. Claude Michel, prêtre, chanoine de l'Ile-Barbe;

ac. Jacques Michel du Rozet, né en 1671, mort en 1727;

ad. Madeleine Michel, mariée, en 1693, à Michel Bourbon, né en 1663, dont :

ba. Jacques Bourbon, échevin de Lyon en 1748, marié, en 1722, à Jeanne Michel, sa cousine germaine, dont :

ca. Claude-André Bourbon de Vanant, chevalier de Saint-Louis, capitaine au régiment de Normandie, né en 1725, marié, en 1776, à Jeanne-Françoise Soubry, dont :

da. Jean-Baptiste-Marie Bourbon de Vanant, né en 1777, marié, en 1806, à Jeanne-Claudine Rodier, née en 1788, dont :

ea. Marguerite-Anastasie Bourbon, morte en 1878, mariée, en 1825, à Claude-Edouard Jordan de Chassagny, mort en 1858;

db. Clotilde-Catherine Bourbon, née en 1778, mariée, en 1806, à Joseph-Casimir-François de Mathey, né en 1760;

dc. Jacques Bourbon de Vanant, mort en 1859, marié à Marie-Julienne-Henriette Rigod de Terrebasse, née en 1789, morte en 1824;

cb. Claude Bourbon du Mousset, né en 1727, marié, en 1776, à Anne-Marie Soubry;

cc. Jacques Bourbon, né en 1728, prêtre, mort victime de la Révolution ;

cd. Jean-Baptiste-Bourbon, seigneur du Déaulx et du Rozay, né en 1736, marié en 1760, à Catherine Gesse de Poisieu, dont :

da. Catherine-Françoise Bourbon, mariée, en 1786, à Julien-André Rigod de Terrebasse, dont :

ea. Marie-Julienne-Henriette Rigod de Terrebasse, mariée à Jacques Bourbon de Vanant ;

ce. Catherine Bourbon, mariée, d'abord, en 1761, à Jean Bouteilier, puis, en 1777, à Jacques Roulet, secrétaire du Roi ;

bb. Marie-Anne Bourbon, mariée, en 1718, à François Peysson, écuyer, qui testa en 1719, dont :

ca. Jeanne-Marie Peysson ;

ae. Marie Michel, née en 1683, mariée, en 1710, à Claude Grimod, habitant de Lyon, dont :

ba. Jeanne-Marie Grimod, née en 1715, mariée, en 1733, à Antoine Vionnet ;

bb. Marie Grimod, mariée, en 1745, à Antoine de Gérando, secrétaire du Roi ;

af. Jean-Baptiste Michel, seigneur de la Tour des Champs et du Déaulx, né en 1668, échevin de Lyon, en 1722, marié, en 1696, à Catherine Dareste, morte en 1723, dont :

ba. Catherine Michel, née en 1696, morte en 1788, mariée, en 1717, à Claude-André Vouty, secrétaire du Roi, dont :

ca. Catherine Vouty, mariée, en 1735, à Thomas Bley, habitant de Lyon, dont postérité ;

cb. Marianne Vouty, mariée, en 1736, à Pierre Vionnet, habitant de Lyon, mort, en 1746, à 40 ans, dont, entre autres enfants :

da. Jeanne-Marie Vionnet, née en 1747, morte en 1818, mariée, en 1760, à Pierre-Hélène Souchey, écuyer, dont une nombreuse postérité ;

db. Antoine Vionnet, habitant de Lyon, né en 1744, marié à Marguerite-Victoire Valin de Graville, morte, en 1783, à 26 ans, dont postérité ;

dc. Dominique Vionnet, né en 1746, habitant de Lyon,

mort en 1782, marié d'abord, en 1770, à Marguerite Barberis, puis, en 1776, à Catherine Jordan ;

cc. Marie Vouty, mariée, en 1745, à Joseph-Antoine Roux, échevin de Lyon, en 1769, dont :

da. Claude-André Roux, né en 1747, mort en 1832, marié, en 1784, à Marie-Magdeleine Gardelle, dont :

ea. Barthélemy-Joseph Roux, né en 1791, marié, en 1822, à Marguerite Roux ;

eb. Henri Roux, né en 1785, marié, en 1813, à Marie-Benoîte Frèrejean ;

ec. Jean-André Roux, né en 1789, mort célibataire en 1881 ;

db. Alexandrine-Catherine Roux, mariée, en 1768, à Etienne Vachon ;

dc. Pierre-Antoine Roux, mort célibataire ;

dd. Pierre Roux, marié, en 1788, à Josephte-Jacqueline Dian, dont :

ea. Charles-Victor Roux, marié, en 1845, à Julie Dunan ;

eb. Marguerite Roux, mariée à Barthélemy-Joseph Roux ;

cd. Pierrette Jacquême Vouty, mariée, en 1753, à Alexandre Faure, demeurant à Lyon ;

ce. Dominique Vouty, seigneur de la Tour de la Belle-Allemande, victime de la Révolution à Lyon, en 1793, à 68 ans, marié, en 1758, à Marie de Rivérieulx de Chambost, dont :

da. Claude-Antoine Vouty, baron de la Tour, conseiller au Parlement de Dijon, premier président au Tribunal d'appel de Lyon, mort en 1826, marié à N. N., dont :

ea. Flavie-Pierrette-Aspasie Vouty de la Tour, morte en 1865, mariée d'abord à Modeste Fortis, puis à N. Gros;

eb. Charlotte Vouty de la Tour, religieuse à Paris;

bb. Jeanne Michel, dame du Déaulx, née en 1699, mariée, en 1722, à Jacques Bourbon, échevin de Lyon; leur descendance se trouve ci-dessus.

60. Jean-Baptiste de la ROUE eut de Madeleine LAGIER :

aa. Marie de la Roue, mariée, en 1704, à Hierome Vialis, trésorier de France à Lyon, seigneur de Trouville, né en 1681, dont :

ba. Jean-Baptiste Vialis, né en 1708;

ab. Magdeleine de la Roue, mariée, en 1695, à Jean-Baptiste Claret, écuyer, né en 1665, dont postérité;

ac. François de la Roue, seigneur de Chavanes;

ad. Catherine de la Roue, née en 1689, mariée, en 1708, à Vincent Boyer de Trébillane, né en 1690, capitaine au régiment du Perche infanterie, lieutenant-colonel, chevalier de Saint-Louis;

ae. Marie-Anne de la Roue, dame de Batailloux et de la Lande, mariée, en 1715, à Jacques de Badol de Forcieux de Rochetaillée, chevalier de Saint-Louis, capitaine au régiment de Boufflers, mort, en 1727, sans postérité;

af. Claude de la Roue de Milly, seigneur de Milly, marié, en 1709, à Pierrette Michel, dont :

ba. Antoine de la Roue, commissaire d'artillerie, chevalier de Saint-Louis, colonel au corps royal d'artillerie;

bb. André de la Roue, religieux de Saint-Antoine;

bc. Jean-Baptiste de la Roue, conseiller en la Cour des monnaies de Lyon, marié, en 1747, à Sibille Richeri, dont :

ca. Jean-Pierre de la Roue, chevalier de Saint-Louis, capitaine de dragons au régiment de Custine, marié, en 1790, à Marie-Etiennette-Aimée Rousset de Saint-Eloy, dont :

da. Louis de la Roue, marié, en 1824, à Léa de Pradier d'Agrain, morte en 1853, dont :

ea. N. de la Roue, mariée à N. de Montmort;

eb. Jeanne de la Roue, mariée à Louis-Alexandre, comte de Pracomtal ;

cb. Anne de la Roue, mariée, en 1780, à Pierre-François de Noyel de Paranges, seigneur de Paranges, capitaine au corps royal d'artillerie, chevalier de Saint-Louis, inspecteur des armes pour le Roi, à Saint-Etienne, dont :

da. Jean-Baptiste de Noyel de Paranges, né en 1781, marié, en 1813, à Fanny Arthaud de Viry, née en 1791, morte en 1864, sans postérité ;

cc. Geneviève de la Roue, mariée en 1768, à Philibert-Eléonor Barthelot d'Ozenay, seigneur d'Ozenay, officier de dragons au régiment de l'Hospital, lieutenant des maréchaux de France pour le Mâconnais, mort en 1803, dont :

da. Antoine-Marie Barthelot, marquis d'Ozenay, marié à Jeanne-Louise-Gabrielle de Pomey (v. note 5) ;

db. Jean-Baptiste Barthelot d'Ozenay, sous-lieutenant au régiment de Cambrésis infanterie, tué à Quiberon ;

cd. Hélène de la Roue, mariée, en 1772, à Etienne Girard de la Vaivre, chef de brigade au régiment de bombardiers de Besançon, chevalier de Saint-Louis, né en 1730, mort en 1785, dont :

da. Anne-Victoire Girard de la Vaivre, morte en 1868,

mariée, en 1801, à Pierre-Mathieu Hüe de la Blanche, mort en 1844, dont :

ea. Victor de la Blanche, mort en 1862, marié, en 1831, à Irma de Courtin de Neufbourg, morte en 1871 ;

eb. Thérèse-Stéphanie-Olympe de la Blanche, morte en 1896, mariée, en 1830, à Pierre-François-Hector Meynis du Fournel de Paulin ;

ec. Anne-Xavérine-Laure de la Blanche, mariée, en 1831, à Claude-Jean-Victor Bouquet des Chaux ;

db. Sybille-Guillelmine Girard de la Vaivre, née en 1773, mariée d'abord, en 1792, à Guillaume-Gilbert Girard de Saint-Géran, son cousin germain, né en 1759, officier de cavalerie à l'armée de Condé, mort pendant l'émigration ; puis en 1800, à Louis de Riollet, comte de Morteuil. Elle a eu un enfant de premier lit et trois du second, savoir :

ea. Ferdinand de Saint-Géran, marié à Caroline Paris de Bolardière ;

eb. Ludovic de Morteuil, mort sans alliance ;

ec. Félix, comte de Morteuil, marié à N. de Macheco ;

ed. Louise de Morteuil, morte en 1889, mariée à Armand Gauthier de Breuvand ;

dc. Geneviève Girard de la Vaivre, née en 1779, mariée d'abord à Nicolas d'Avout, puis à N. Joly de Saint-François ; elle a eu du premier :

ea. Suzanne d'Avout, mariée à Abel Leullier.

Table des noms de famille contenus dans ce volume

TABLE

des noms de famille contenus dans ce volume

B

C

D

E

F

G

H

I

J

K

L

M

N

O

P

Q

R

S

T

U

V

W

Y

Z

Imprimerie Mougin-Rusand, Waltener et Cie, Sucrs, rue Stella, 3, Lyon.

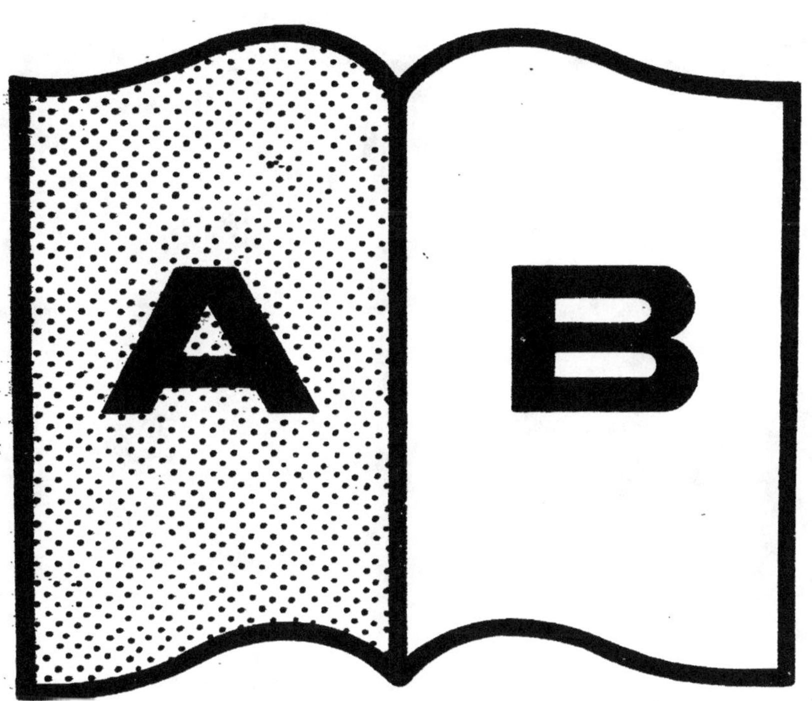

Contraste insuffisant

NF Z 43-120-14

www.ingramcontent.com/pod-product-compliance
Lightning Source LLC
Chambersburg PA
CBHW070804270326
41927CB00010B/2284